创业企业
股权架构研究

李建立 著

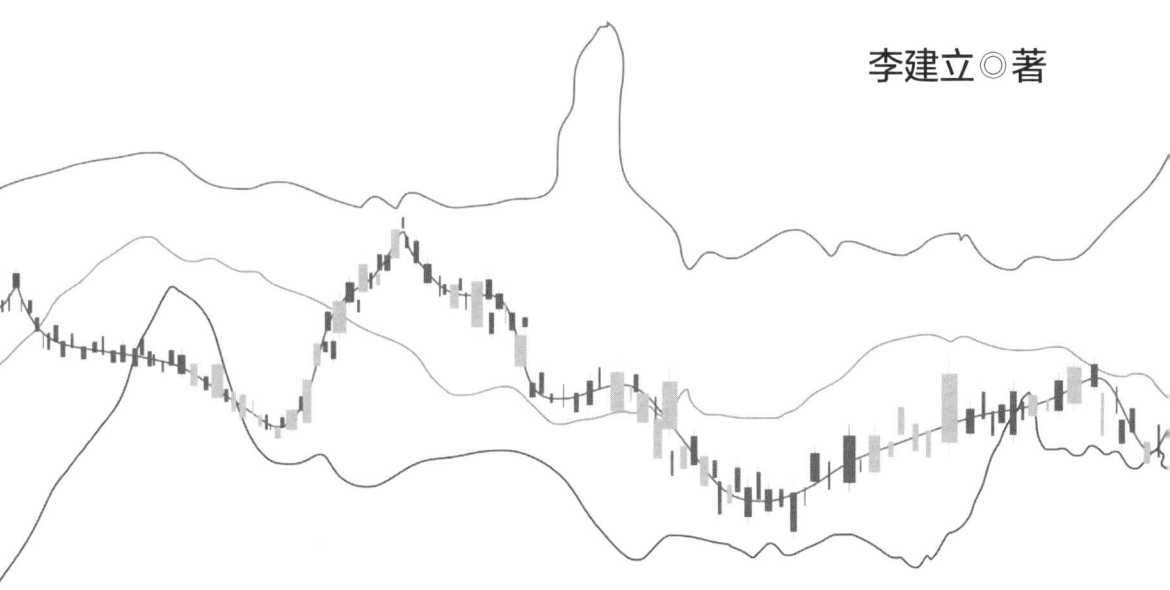

中国劳动社会保障出版社

图书在版编目(CIP)数据

创业企业股权架构研究/李建立著. -- 北京：中国劳动社会保障出版社，2022

ISBN 978-7-5167-5585-3

Ⅰ.①创… Ⅱ.①李… Ⅲ.①企业管理-股权管理-研究 Ⅳ.①F272

中国版本图书馆 CIP 数据核字(2022)第 174923 号

中国劳动社会保障出版社出版发行

(北京市惠新东街 1 号　邮政编码：100029)

*

北京市科星印刷有限责任公司印刷装订　　新华书店经销
787 毫米×1092 毫米　16 开本　17.5 印张　184 千字
2022 年 10 月第 1 版　2022 年 10 月第 1 次印刷

定价：40.00 元

营销中心电话：400-606-6496
出版社网址：http://www.class.com.cn

版权专有　　侵权必究

如有印装差错，请与本社联系调换：(010) 81211666
我社将与版权执法机关配合，大力打击盗印、销售和使用盗版图书活动，敬请广大读者协助举报，经查实将给予举报者奖励。

举报电话：(010) 64954652

序　言

现代社会的财富，最主要的载体形式有两种，一种是以房地产—土地为载体，另外一种则是以股权为载体。公司作为人类历史上最伟大的发明之一，在于创设了法人这一法律拟制。作为一种最特别的"机器"，公司制度是技术的"放大器"，使技术创新转变成真正的财富。

20世纪无疑是美国经济引领的世纪，与此相伴的是一大批优秀企业的崛起。可口可乐、IBM、微软、苹果等诸多大企业漂洋过海并占领世界的每一个角落，美国在全球的财富霸主地位自然是水到渠成、无可撼动。在此过程中，广大民众也通过持有这些公司的股票分享到了企业创造的超级红利。正是这个原因，习惯了推特治国、四处怼人的美国前总统特朗普在任期间对美国股市的涨跌非常看重，恨不得把股市升值的全部功劳据为己有。

在我国，明星行业企业带动一个城市的例子比比皆是，正如电信业巨头公司之于深圳，互联网电商之于杭州，电器品牌企业之于青岛。在如今"资本为王"的时代，股权创富神话通过股票市场的放大效应，不断地刺激着人们追求财富的神经，一时间无股不富，神州遍地尽是创业者和风险投资机构。因此，市面上关于公司股权的书也是大行其道。股权虽然非常重要，但诸多商业大咖创业成功的案例表明，没有天生完美的股权架构。每个企业都有自己的股权演化过程，涓涓细流汇成大江大河，最终才走向了成功。

从定位上讲，本书不同于一般的公司法教程，而是以案例复盘的方式，选择耳熟能详的典型案例进行研读，力求以创业者的视角去看待公司股权。正所谓"横看成岭侧成峰，远近高低各不同"。

首先，本书通过对共同创始人、技术合伙人、外部投资人、大小股东、夫妻创业视角的针对性分析，为您揭示一个不同身份视角下的股权认知。

其次，通过对某知名快餐连锁企业股权纠纷案、某电信业巨头公司的工会全员持股制度的剖析，告诉你一个有别于现行公司法的股权架构，最终提炼成股权架构的道、法、术。

再次，本书对股权架构中的重点问题，包括控制权、股权动态调整机制、退出机制、股权创业有关的刑事法律风险都进行了剖析，力求在为读者呈现一个股权架构全景的同时，对重点、难点问题进行庖丁解牛式的拆解分析。

最后，通过对股权激励、事业合伙人架构的研读以及面向资本市场股权架构的剖析，帮助您从初级的股权激励升级为事业合伙人，打造事业共同体、命运共同体。从某种意义上来说，伟大的企业都是超越公司法的，适合自己的才是最好的。

我们希望，本书能引起您对股权问题的重视和思考，并根据自身所处行业的特点、所在公司的发展阶段及自身合作伙伴的资源禀赋，探索出一条具有自身特色的股权架构之路。

前　言

股权大时代

公司作为人类历史上最伟大的发明之一，在于创设了法人这一法律拟制。作为一种最特别的"机器"，公司制度是技术的"放大器"，使技术创新转变成真正的财富。

公司自产生以来，便快速地创造着社会财富，并全面深刻地影响着社会。1600年，英国东印度公司成立；两年后，荷兰东印度公司成立。这或许是现代公司的起源。在以后很长的时间里，英国与荷兰的竞争其实就是这两家公司的竞争。

如今中美之间的竞争愈演愈烈，以某知名电信业巨头、无人机企业等为代表的高科技企业一直处在风口浪尖。2019年4月12日，时任美国总统特朗普在华盛顿白宫举行的关于美国5G的演讲中称："5G竞赛已经开始，美国必须赢。"美国这次对中国企业的打压是无所不用其极的，除了以危害国家安全的名义全面禁止中国某些电信业公司在国内发展外，还要求其盟友全面抵制中国的电信业发展势头。由此可以看出，在国家之间的竞争中，以企业家为首的公司是竞争的主体和先遣队。

成功的创业者们成为大佬、大咖，在其所在领域指点江山、意气风发，但是"一将功成万骨枯"，创业过程的艰难，非创业者很难完全体会得到。正所谓：未曾长夜痛哭者，不足以语人生。

创业的过程，某种程度上就像推石头上山般艰难，即便今日功成名就、风光无限，也曾经历风风雨雨、起起浮浮。

抛开经营上的重重挑战不提，就股权而言，几位知名创业者也都曾经历过青春的迷茫与困惑。

以某知名电信业巨头公司为例,该公司创始人在当下的中国,被视为民族英雄一般的存在,即便他本人极力否认。但在20世纪90年代,该公司的名气确实不如当时的中关村某计算机制造巨头企业。1997年,后者可谓是如日中天,营收达125亿元,中国个人计算机(PC)市场份额多年连续第一,那时候前者一年销售额才不过41亿元。

此后该电信业公司的创始人另辟蹊径,利用特区改革开放窗口的政策优势,以超级企业家的大格局,倡导"以奋斗者为本"的先进理念,以让员工内部集资入股的方式,进行内部全员持股的大实验。在此过程中,公司创始人也遭到了无数人的质疑,认为其持股比例过低,刚刚超过1%,很容易失去对公司的控制权。

在法律层面,该公司的内部全员持股也遭受到了离职员工的挑战。2003年,公司的两位资深员工——刘某和黄某,将公司告上法庭。原因之一就是,该公司是根据双方合同中约定的以每股1元的价格,而不是以每股净资产价格回购股票。两位员工还认为,公司所用作增资的应付红利中也应有自己的利益,他们应按照同股同权的原则享有股权的增值。最终,深圳市中院和广东省高院判两位员工败诉。广东省高院认为,该公司员工的股份没有在工商登记,根据公司与员工之间的合同,公司工会的持股数只能作为参考,原告的主张"没有契约依据和法律依据"。

其实在两位员工发难之前,该公司已经决意改变实行了10年的员工持股方案。

1998年,该公司高层赴美考察期权激励和员工持股制度,一种名为虚拟股权激励制度进入其视野。2001年7月,该公司股东会通过了股票期权计划,推出了《公司虚拟股票期权计划暂行管理办法》。推出虚拟股之后,公司员工所持有的原始股票被逐步消化吸收转化成虚拟股,将原本就不具有实质意义的实体股明确转变为虚拟股。该公司股票在虚实之间的悄然转换,意味着其在治理结构上已经从一家号称全员持股的公司变成由两个实体股东所控制的公司。

与当年中关村某计算机制造业巨头等公司的持股会最大的不同,在于后者最终将公司产权落实到了每个人身上,而前者员工所持股票事实上只有分红权,实体股东只有该公司的创始人一人,其他员工整体以社团法人存在,而社团法人体系下,相互维系的关键并非股权,而是一系列的合同法律文书,包括劳动合同、员工持股分红协议等。

经历过层层的探索与磨难,这个决定不上市的电信业公司,通过其不断地与时俱进与升级迭代,最终形成了一个完善的股权架构。可以这么说,该公司今天的成功,包括从容面对美国的打压,一个稳定而完善的股权基石功不可没!

数风流人物,还看今朝。对于企业家来说,这是水大鱼大、汪洋恣肆并且野蛮生长的时代。

正如春秋战国时期的"士"一样,大争之世,沧海横流方显英雄本色。在当今国际竞争越来越激烈的背景下,我们对中国企业家的未来有理由保持乐观。

我们相信,中国的崛起必定是以一批伟大企业和伟大企业家的成功为基础的,这也是中国过去数千年历史上所谓的儒商或红顶商人从未达到过的新高度。

这伟大时代的呼唤和最强音,将越过历史之三峡,走过大江大河,迎接中华民族的将是一望无际的蓝色海洋。

种种迹象预示着,中国的企业家作为一支独立的力量,将竭力参与到塑造这个世界的进程中来。

中国的企业家们,你们准备好了吗?

目　　录

第一章　股权迷思：一大困惑和五大视角 ·············· 1
第一节　股权架构的一大困惑：新合伙时代，是兄弟一起创业还是单打独斗 ·············· 1
第二节　股权架构的五大视角 ·············· 4

第二章　以案说法：股权架构的道、法、术 ·············· 48
第一节　股权内斗，上市梦折戟沉沙 ·············· 48
第二节　从十八人创业走向合伙人制 ·············· 57
第三节　以1％的股权比例控制公司 ·············· 70
第四节　股权架构的道、法、术 ·············· 84
第五节　万法归一元：公司章程 ·············· 91

第三章　股权架构之重点问题研究 ·············· 105
第一节　公司控制权问题 ·············· 105
第二节　股权动态调整机制 ·············· 118
第三节　股权退出机制原则及典型情景 ·············· 126
第四节　与股权有关的刑事法律风险 ·············· 143

第四章　股权加速器之1.0版：股权激励制度 ·············· 148
第一节　股权激励及其影响 ·············· 148
第二节　股权激励的常见方式 ·············· 150
第三节　以司法实例分析股权激励的法律风险 ·············· 155
第四节　股权激励中的疑难法律问题 ·············· 160

第五章　股权加速器2.0版：事业合伙人 …………………… 165
　　第一节　超越股权激励的事业合伙人 …………………… 165
　　第二节　事业合伙人制下的案例分析 …………………… 170
　　第三节　事业合伙人股权架构相关协议示例 …………… 178
第六章　面向资本市场的股权架构 ………………………… 194
　　第一节　一个失败的股权架构典型案例 ………………… 195
　　第二节　新三板摘牌后冲击科创板受阻典型案例 ……… 198
　　第三节　某北交所科技创业企业的资本市场之路 ……… 210
附录一　中美博弈背景下的科技人员创业 ………………… 217
附录二　《全国法院民商事审判工作会议纪要》对科技创业者的
　　　　规范与启示 ………………………………………… 221
附录三　给科技创业者的一堂基础法律课 ………………… 233
结束语　呼唤中国的创业股权新时代 ……………………… 266

第一章

股权迷思：一大困惑和五大视角

"横看成岭侧成峰，远近高低各不同。"观山如此，观股权架构亦然。无谓对错，站在不同的立场上，我们往往会得出不一样的结论。笔者将通过"一大困惑"和"五大视角"，带你畅游股权世界！

第一节　股权架构的一大困惑：新合伙时代，是兄弟一起创业还是单打独斗

许多人都看过《中国合伙人》这部电影，由内地当红演员黄晓明、邓超、佟大为担任主演。该影片主要讲述了自 20 世纪 80 年代至今，大时代下三个年轻人从学生时代相遇、相识，拥有同样的梦想至一起打拼事业，共同创办英语培训学校的创业励志故事。据说该片以真实案例为背景，但相关企业家对此不置可否。

电影中有句话引起了许多人的共鸣：千万不要和最好的朋友合伙开公司。

但在实际生活中，亲戚、朋友之间合伙创业是一个普遍现象，因为相互知根知底，沟通成本比较低。

试问，如果不找亲戚朋友，在前期又去找谁共同创业呢？如今的中国创业，单打独斗之路越走越窄。强如某知名电商业巨头公司发迹于当初的十八人创业团队，一路汇集了众多人才，最终演变成如今的电商公司合伙人制度，打造出了一个市值3万亿元人民币的超级商业帝国。

正所谓，独行者速，众行者远。某知名电信业巨头公司虽未上市，但通过全员合伙人制度，让13万名员工成为虚拟股东。但毋庸讳言，在创业伙伴之间，股权架构与控制权一直是个敏感而复杂的问题，稍有不慎，就会直接导致创业的失败，甚至亲友反目成仇，一拍两散，从此天涯是路人。

下面我们看四个类型的案例。

A公司：均分股权大锅饭

某科技公司联合创业者四人，股份均分，各占25%。共苦的时候，兄弟齐心其利断金。经过多年的拼搏，公司在行业里也取得了一席之地，站稳了脚跟。取得一定成功后，四位创业者在未来的发展理念、短期利益等方面出现不同的意见，于是开始出现内部冲突，四人分崩离析，各拉小团队另立山头。最后，公司元气大伤，四个团队也都没有一个创业成功。

B公司：股权与贡献不成比例——管理层持股

有三个朋友一起创业，一个主要出钱的朋友占70%的股份，另外两个朋友各占15%。在创业途中，占70%股份的朋友很早就是甩手掌柜，自己不在公司任职，在外面忙活自己的事情。剩下两位股东，其中一位股东小A为公司付出很多，贡献很大，逐渐以首席执行官（CEO）的职位带领公司茁壮成长。

后来一行业内大公司看中他们的公司要并购，当估值出来之后，小A意识到自己付出最多，却和分得的成果不成正比。遂内部开始发生争斗，最后并购破裂，公司停滞不前。

C公司：僵化股权，不进则退——技术人员持股

两个创始人，CEO持股占60%，首席技术官（CTO）持股占40%。一年后，发现CTO跟不上公司的发展，完全不能胜任。这时候，CEO想从公司外部挖掘人才，需要用股份来吸引，但CTO不愿意按比例分股份。

CEO如果将自己的股份拿出来给新人，其自身也不甘心，最后公司因为没法吸引核心人才，发展缓慢。

D公司：直接持股，股权讹诈——股权激励与持股平台

公司主要创始人两人，为体现共赢理念，一开始就给早期三位核心员工发了股份（各占3%～5%不等）。后来一持股员工因为和创始人矛盾激化离开了公司。

一年后，公司被风险投资机构的关注，在融资过程中，公司股权变更需要所有股东签字，离职的持股员工坚持要拿到一笔较大数额的现金，否则不签。

公司不能接受，只能选择重新成立公司，转移资产和客户，影响很大，最后风险投资机构不敢投资，经营方面也受到影响，直接影响了公司的融资与发展大计。

"断头今日意如何，创业艰难百战多。"

在和平时期的创业过程中，虽不必有断头的风险，但艰难险阻必不会少。在此过程中，一成不变的僵化股权架构往往无法经受住岁月的洗礼，最后的结局往往也是感情总被雨打风吹去。

只有构建一个基于价值创造、动态调整的股权规则，以公平、明晰的法律合约护航，在历经金钱资本与人力资本反复博弈后，方能涓涓细流汇成大江大河。

合伙创业，诸君切记：自古真情留不住，唯有规则得人心。

第二节 股权架构的五大视角

"横看成岭侧成峰，远近高低各不同。"观山如此，股权架构亦然。无所谓对错，站在不同的立场上，我们往往会得出不一样的结论。下面我们会从共同创始人视角、技术合伙人视角、外部投资人视角、大小股东视角、夫妻创业视角，分别对不同案例进行剖析点评。

一、排座次、分金钱、论荣辱，共同创始人视角下的兄弟创业

以江湖方式合伙，由于合作创业采用的是水泊梁山模式——"座有序，利无别"，股权利益平均分配，平等的话语权很容易引起后续的纠纷。

如果说，20多年前，由于尚处于商业初兴的懵懂阶段，在股权上采取了江湖平均分配还情有可原。那么，在如今成熟的商业环境下，设置5∶5或者4∶3∶3结构的类平均分配股权，则纯粹是给自己挖坑的自杀行为。

貌似很有兄弟情义，你有我有全都有。但从公司法的角度来看，确实容易出现公司僵局。比如说各自占50%的股权，每次投票都是5∶5，股东会议案能否通过就是一个存在重大争议的法律问题。如果是以4∶3∶3设置股权，万一两位小股东一男一女结婚了，

或者因各种原因联合了，则大股东的地位就将不保。

即便存在各种各样的弊端，即便广大的股权律师极力反对，但上述类型的股权架构还是不断涌现。比如某知名快餐品牌，最初的股权结构是各占50%，最终闹得不可开交。两位创始人股东拼得你死我活，最终一位股东锒铛入狱，导致公司上市搁浅、资本退出、元气大伤，错过了快速发展上市的黄金期。至今，两位股东的纠纷仍旧是余波未平、争议仍在。

所以我们建议把各种预期发生的情况都聊深说透（包括股权安排、股权动态调整、日常沟通机制、僵局处理、退出机制等），找专业律师写到协议里，这样才能避免最后连朋友都做不了的尴尬局面。

二、投钱的与出力的，谁的天下，技术合伙人视角下的平衡车案例

在中国平衡车发展历史中，Y公司和L公司是两支不可忽视的力量存在。而如今，两家公司却在互相伤害，互相提起舆论战、法律战，乃至身陷囹圄。

Y公司老总吴某某通过其已认证的微博透露，2018年5月30日，东莞市公安局正式对L公司创始人周某、郭某某、闫某某三人采取刑事强制措施，将上述三人正式列入在逃的通缉犯名单。

L公司老总周某随即发表文章，愤怒控诉吴某某，声称被前"投资人"敲诈6 000万元巨款。同时，2018年6月12日，L公司在官网发表声明，称从2017年11月开始，吴某某在其加V认证的微博上发布诋毁公司及创始团队人员的文章，L公司已经向法院提起民事诉讼和刑事诉讼。

二者的法律战，你来我往，络绎不绝。

其实，回到起点，两位老总最初的相遇也是美好的。

吴某某和周某同是湖北人。吴某某属于创业成功人士，他高中毕业便来到广东打工。经过近20年的打拼，从一间模具门面起步，创办了一家精密模具公司。

周某则是华中科技大学的高才生。2007年，还在读大三的他参加了中国机器人大赛并获得一等奖。随后，他与5名好友共同创办了武汉RBT机器人有限公司，还获得了一位林老板200万元的投资。

2009年，吴某某经人引荐结识了周某，并相中了RBT公司众多项目中的平衡车项目。那时，周某专注于研发，公司未能盈利，林老板投入的资金所剩无几，吴某某的到来如同雪中送炭。

但当初的股权架构存在天生的缺陷。吴某某靠前期投资成为最大股东，直接持有Y公司70.56%的股权；周某等核心团队掌握平衡车控制研发技术，却仅仅通过RBT公司间接持有公司17.64%的股权。

当时Y公司产品不只在国内畅销，还打开海外100多个国家和地区的市场，成为中国最大的两轮平衡车生产企业。产品的畅销随即引来一批风险投资，风险投资频繁与Y公司商谈投资或入股等事宜，Y公司的技术团队与投资人吴某某的冲突就此引爆。

于是以周某为首的技术团队，向吴某某提出一个回购股权方案，即吴某某让出控股权，周某等研发团队变为直接持有Y公司70%以上的股权，吴某某退为小股东。吴某某认为自己持续往此项目中投入了几千万元，还没有看到收益，公司控制权却要被技术团队夺走，因此拒绝同意此方案。

随即周某及其团队成员出走。大概10个月后，以周某等几位离职核心成员为主的L公司推出第一款产品，直面老东家。

一场大战就此爆发，吴某某持续不断地通过司法途径反击。

就在两家公司斗得你死我活、不可开交之际，市场早已风云突变。两家公司很快就被"后来者"挤出市场。小米洽购Y公司未成，转身收购了另一家平衡车公司，调低部分指标，其中一款产品售价不足2 000元，截断了Y公司及L公司的后路。

2019年5月31日，东莞市检察院出具了"不起诉决定书"，L公司创始人周某等三人被无罪释放。

人自由了，但一场"兵变"过后，江山却早已不在，令人不胜唏嘘。

往事不可谏，来者犹可追。上述案例中有关公司的失误体现在以下三个方面：

一是身份错位。从投资人的角度看，正常的投资应该是投大钱、占小股。如果投资人股份比例过高，对于实际负责运营的技术及高管团队来说，就存在激励不足的问题。

二是反复博弈机制缺失。投资人与技术团队未能就股权的动态调整即对赌方面达成共识。比如说约定一定的经营指标，达到一定的标准后，可逐步向技术及管理层释放股权。

三是法律保障机制缺失。比如说存在未建立严格的知识产权保护体系，竞业禁止法律保护存在不足，合同管理松懈等问题。

三、养孩子与养猪，外部投资人视角下的对赌协议

对于绝大多数创业者来说，开公司创业如同养孩子一般。创业

者把自己的项目，不仅仅看作是一个养家糊口的手段，更多的关系到自己的梦想、方向和兴趣。

而对于绝大多数专业的风险投资机构来说，则是养猪的心态。养猪的方式就是想方设法快速将创业项目做到一定的规模，卖给其他人或其他公司。这种方式也许会和所养的猪产生感情，但在一定的时间之后，养肥了的猪最终会被卖掉。

其实，如果换位思考一下，二者之间的差别不难理解。风险投资机构的钱，不是天上掉馅饼掉下来的。和创业企业一样，风险投资机构也需要向它上游的有限合伙人融资，融完资才有钱对下游投资。

通常情况下，风险投资机构从有限合伙人募集来的钱，是有使用期限的。基金存续期（通常5～10年）满，风险投资机构就得把投出去的项目清盘，向它背后的有限合伙人交代。这也决定了，风险投资机构是不会和创业者白头偕老的。如果不能退出，风险投资机构也就没有存在的价值了。

现实中，创始人与风险投资机构，往往是爱恨交织，许多创业者凭借风险投资机构的资金，占领了行业的制高点，正所谓：好风凭借力，送我上青云。但也有许多创业者与风险投资机构对赌失败，轻者遍体鳞伤，重则一蹶不振，痛失公司控制权。

对赌是一把双刃剑，这样的道理几经案例教育之后，已为中国商界共知。但资本的诱惑是巨大的，有了资本的助力，你就能快速发展，处于不败之地，早日成功上市。

某知名餐饮企业的对赌协议就非常具有典型性，并由于对赌上市失败引发了一系列的多米诺骨牌效应，触发"股权回购"条款；

创始人家族在无力进行"股权回购"时,再次触发投资人启动"领售权条款";在跟售过程中又由于出售股权比例"踩线",导致投资人要求获得"优先清算权"。

成功的故事都是相似的,而失败的故事则各有各的不幸。股权对赌如同在悬崖上跳舞,美酒还是毒药,关键还是看个人体质,资本助推无可非议,但练好内功才是根本。

往事不可谏,来者犹可追。总结之后发现,复盘之下,创始人团队主要存在如下四个方面的失误:

一是缺乏投资人视角。对于许多的创始人而言,创办一家公司如同自己养孩子一样,百般呵护,不厌其烦。但对于投资人而言,投资如养猪,养肥了是要卖的。

二是对于对赌的残酷性认识不足,过于自信。签订的对赌协议条款过于刚性,以限定日期的上市为条件,对不确定性因素考虑不足。在实践中可设置多轮重复博弈,尽量消除不可控因素,将考核期拉长。

三是家族企业之痛。内部的家族股权代持缺乏明确的协议,事前没有明确的规划,导致后续不能团结一致对外。

四是企业家风险管理意识不足。未能将公司未来发展与相关资源方深度绑定,导致的结果是公司在遇到危机时,无人出手相救。

法律链接

《全国法院民商事审判工作会议纪要》(以下简称《九民纪要》)已于2019年9月11日通过,在《九民纪要》中,规定了关于"对赌协议"的效力及履行。

实践中俗称的"对赌协议",又称估值调整协议,是指投资方与融资方在达成股权性融资协议时，为解决交易双方对目标公司未来发展的不确定性、信息不对称以及代理成本而设计的包含了股权回购、金钱补偿等对未来目标公司的估值进行调整的协议。从订立"对赌协议"的主体来看，有投资方与目标公司的股东或者实际控制人"对赌"，投资方与目标公司"对赌"，投资方与目标公司的股东、目标公司"对赌"等形式。人民法院在审理"对赌协议"纠纷案件时，不仅应当适用合同法的相关规定，还应当适用公司法的相关规定；既要坚持鼓励投资方对实体企业特别是科技创新企业投资原则，从而在一定程度上缓解企业融资难问题，又要贯彻资本维持原则和保护债权人合法权益原则，依法平衡投资方、公司债权人、公司之间的利益。对于投资方与目标公司的股东或者实际控制人订立的"对赌协议"，如无其他无效事由，认定有效并支持实际履行，实践中并无争议。但投资方与目标公司订立的"对赌协议"是否有效以及能否实际履行，存在争议。对此，应当把握如下处理规则。

投资方与目标公司订立的"对赌协议"在不存在法定无效事由的情况下，目标公司仅以存在股权回购或者金钱补偿约定为由，主张"对赌协议"无效的，人民法院不予支持，但投资方主张实际履行的，人民法院应当审查是否符合公司法关于"股东不得抽逃出资"及股份回购的强制性规定，判决是否支持其诉讼请求。

投资方请求目标公司回购股权的，人民法院应当依据《公司法》第三十五条关于"股东不得抽逃出资"或者第一百四十二条关于股份回购的强制性规定进行审查。经审查，目标公司未完成减资程序的，人民法院应当驳回其诉讼请求。

投资方请求目标公司承担金钱补偿义务的，人民法院应当依据

《公司法》第三十五条关于"股东不得抽逃出资"和第一百六十六条关于利润分配的强制性规定进行审查。经审查，目标公司没有利润或者虽有利润但不足以补偿投资方的，人民法院应当驳回或者部分支持其诉讼请求。今后目标公司有利润时，投资方还可以依据该事实另行提起诉讼。

四、两小儿辩日，大小股东双重视角

孔子东游，见两小儿辩斗，问其故。一儿曰："我以日始出时去人近，而日中时远也。"

一儿曰："我以日初出远，而日中时近也。"一儿曰："日初出大如车盖，及日中则如盘盂，此不为远者小而近者大乎？"一儿曰："日初出沧沧凉凉，及其日中如探汤，此不为近者热而远者凉乎？"

两小儿笑曰："孰为汝多知乎？"孔子不能决也。

《两小儿辩日》出自《列子·汤问》。站在现代科学的角度看，日出之时与日中之时的太阳其实没有距离上的区别，两小儿看到的都不是真相，而是他们认为的真相。

在公司实际运营层面，基于不同的立场与论据，"公说公有理，婆说婆有理"的情况并不少见。大小股东对公司的运营有不同的理解也是很正常的事情，下面我们分别从大小股东的角度来进行针对性的论述。

（一）大股东压制小股东

某科技公司有甲乙两个股东，甲持股70%，负责公司的全面管理工作，乙持股30%，不参与公司的运营与管理。在年终的股东会上，甲提议不进行分红，理由是公司需要加大投入，如果这时候分红,可能对明年的发展造成影响。乙则要求公司进行分红。于是两位股东就公司运营产生了矛盾。在这种情况下,大股东甲凭借股权的多数优势强行通过不分红的决议,进而通过关联交易将利润进行转移。

上述大股东甲压制小股东乙的事情并不是个案,尤其是在双方矛盾激化的情况下,资本多数决原则使得控股股东为所欲为。小股东常常缺乏有效的反制措施,即便提起了法律诉讼,也费时费力,往往是杀敌一千自损八百,不一定能真正维护好自身的权益。

究其原因在于以下两点:

一是资本多数决原则确立了大股东在公司中的优势地位,他们掌控着经营决策权和人事任免权,很容易滥用权力压迫小股东。

二是有限责任公司的固有封闭性为压迫小股东创造了条件。有限责任公司股东人数少、流动性差,大股东掌控着公司的管理、决策和运营,股东之间的关系紧密,单个股东对公司和其他股东具有较大的依赖性。

(二)小股东的反击

以下是一个真实的创业案例。

剧情:大股东金蝉脱壳、小股东绝地反击

时间:2018 年

地点:北京中关村

行业:高科技数据行业

人物:海归密码专家、数据工程师、资深运营专家

Part 1　心潮逐浪高,合伙创业忙

2017 年年底,在美国某知名互联网公司工作的小 A 回国探亲,

与在国内工作的小C进行了接触。双方就目前该领域在美国的发展情况进行了交流，同时也探讨了该项目在国内创业的可能性，是否适合马上启动。

2018年年初，小A邀请其大学校友小B加入，三人正式建立了团队例会制度，团队成员分别在技术、市场、战略发展构想、融资可能性等方面进行了讨论，逐步形成了公司初步的方案。

2019年，项目发展进入快车道。在融资领域，陆续与移动投资、联想之星、险峰投资、字节跳动、阿尔法投资、云天使投资、PNP、金沙江等机构进行了洽谈路演；在商业运营方面，陆续与联通大数据、司库、新浪公司、中国移动、字节跳动进行了对接合作。当年春节之后，创业团队从有投资意向的各个机构中选择了红杉资本，并由小A代表创业团队与其签订了投资意向书。

投资意向书签署后，在投资方的督促下，创业团队完成了公司注册的工商登记工作，并在北京中关村某孵化器的创业空间租赁了办公室。

经三方商定，项目公司的股权比例如下：A负责项目的整体运作，为项目的第一发起人，占股65%；B负责数据保密学方面的技术研发，占股20%；C负责商务方面的运营开发及公司的日常管理，占股15%。

同时，按照投资意向书的约定，红杉资本以300万美元持有公司15%的股份（意向书中注明：以增资扩股方式，增资成功后，将同比例稀释公司创始人的股权比例）。由于是以外币进行的返程投资，公司需要在境外设立与国内公司同等股权架构比例的英属维尔京群岛（BVI）公司、香港公司，并按照37号文《国家外汇管理局关于境内居民通过特殊目的公司融资及返程投资外汇管理有关问题的通知》进行返程投资的备案。

在投资方律师、境外注册机构的协助下,所有的海外注册工作于当年的8月份陆续完成,国内的商业合作也有序开展。在此关键时刻,小A却反悔了,以互联网数据业务不能设立可变利益实体(VIE)架构为由,强行停掉了全部的融资工作。

Part 2　实际控制人移花接木,乾坤大挪移

山雨欲来风满楼。在公司平静的外表之下,一场乾坤大挪移的游戏正在上演。实际上,这一切都早有端倪。

在公司运营过程中,大股东A就尝试降低股东B、股东C的股权比例,并以股东C开展市场工作不力为由,指责其未能完成市场拓展工作,要求股东C移交客户资料,不再接触客户。

在遭到股东C的质疑和拒绝后,大股东A要求小股东C将所有股份无偿转让给他,否则他将毁掉公司业务,另外成立公司,并把红杉资本的投资直接转移走。

事实上,大股东不但是这么想的,也是这么做的。在标的公司尚在运营的过程中,大股东A在其他股东不知情的情况下,私自设立了业务完全相同的新公司,并通过欺骗手段将投资款项改签到新设立的公司。与此同时,前公司运营期间所开发的程序、相关文档、研究成果文件、合作的客户等,都被带到了新公司。

与此同时,为掩人耳目,大股东A将其执行董事和公司法人的位置转给了自己的亲属,以为这样,就能掩盖其侵权的事实。

法律链接

《公司法》第一百四十七条规定,董事、监事、高级管理人员

应当遵守法律、行政法规和公司章程，对公司负有忠实义务和勤勉义务。董事、监事、高级管理人员不得利用职权收受贿赂或者其他非法收入，不得侵占公司的财产。

《公司法》第一百四十八条规定，董事、高级管理人员不得有下列行为：(1) 挪用公司资金；(2) 将公司资金以其个人名义或者以其他个人名义开立账户存储；(3) 违反公司章程的规定，未经股东会、股东大会或者董事会同意，将公司资金借贷给他人或者以公司财产为他人提供担保；(4) 违反公司章程的规定或者未经股东会、股东大会同意，与本公司订立合同或者进行交易；(5) 未经股东会或者股东大会同意，利用职务便利为自己或者他人谋取属于公司的商业机会，自营或者为他人经营与所任职公司同类的业务；(6) 接受他人与公司交易的佣金归为己有；(7) 擅自披露公司秘密；(8) 违反对公司忠实义务的其他行为。董事、高级管理人员违反前款规定所得的收入应当归公司所有。

Part 3　小股东的反击：股东代表诉讼

根据《侵权责任法》，损害公司利益责任纠纷的原告，即公司应当为利益被损害的一方。这种情况往往是公司董事、监事、高级管理人员因损害公司利益的行为，遭到公司的追究。

但在实践中，另一种情况亦颇为常见，即由公司的股东为原告、公司作为第三人的诉讼。这是由于损害公司利益的一方往往是公司的实际控制人，掌握公司的印鉴、证照，因此公司本身不可能以在诉状上加盖公章等形式成为原告从而参与诉讼。故根据《公司法》第一百五十一条的规定，公司的股东在对于损害公司利益的行为采取不作为的态度时，有权代表公司提起诉讼，追究侵权方的责任。

损害公司利益责任纠纷在司法实践中的具体表现种类繁多，但大致可概括以下七种情形：收受贿赂，侵占、挪用公司资金；擅自使用公司资金对外贷款或者提供担保；擅自处理公司重大资产；擅自决定对外投资；篡夺公司商业机会；违反竞业禁止限制义务，与公司经营同类业务；侵犯公司的商业秘密。

根据上述法律规定，本案中的小股东 C 向公司的监事发函，要求监事履行其职责，代表公司提起损害利益之诉。在得到公司监事不起诉的答复后，小股东 C 以其自身的名义向北京市海淀区人民法院提起了诉讼，要求大股东停止其侵害公司利益的行为并赔偿损失。

在获知小股东 C 的起诉后，公司大股东 A 并没有坐以待毙。双方的博弈、争斗还在继续。

Part 4　大股东的回应：注销公司，金蝉脱壳

小股东 C 起诉之后，大股东 A 强行召开公司股东会，要求对原公司进行解散并进行清算。小股东 C 在股东会上，表达了对解散公司的反对意见，并在股东会决议上投了反对票。

大股东 A 利用其控股优势，以绝对的多数股份通过了解散公司股东会的决议，并将上述股东会决议提交至工商行政管理部门，要求注销公司。

获悉上述情况后，小股东 C 及时向工商行政管理部门提出了书面异议，表示自己不同意解散公司。工商行政管理部门收到材料后表示，其对工商注销决议的审核仅为形式审查，如果有异议，建议向法院起诉维护自己的合法权益。

至此，大股东 A 利用其股权的多数比例，强行通过了公司的解散决议，并进行了虚假的清算过程，完成了公司的注销手续。

现在，棋子又到了小股东 C 的这边，因为公司的注销，意味着诉讼主体不复存在，之前提起的股东代表诉讼也要随之撤销。这无形中增加了小股东 C 维权的困难。

但事情并没有轻易完结。兵来将挡水来土掩，小股东 C 只能见招拆招了。

Part 5　小股东的回应：见招拆招，重新起诉

在大股东 A 强行将原公司注销之后，公司利益的被侵害主体从法律意义上已经不存在了。在这种情况下，之前的股东代表诉讼之路已经无法进行。

接到法院的撤诉通知之后，小股东 C 委托专业律师进行了针对性的分析：一个方案是针对大股东非法注销公司的行为提起无效之诉；另外一个是针对原公司主体已经不存在的情况，另辟蹊径，另行提起侵害股东利益之诉。

综合研判，第一个方案耗时较长，且存在相关的诉讼风险。第二个方案虽然存在公司法规定不足的法律漏洞，但还可以引用民法通则、侵权责任法的相关规定来进行补充，对被侵害小股东的保护范围和力度更大。

根据上述思路，小股东 C 重新以个人身份向法院提起损害股东利益之诉。同时，大股东 A 新设立的公司作为侵权的新设主体，其经营范围、股东结构仍与原公司高度重合，可视为是为了实现侵权目的而设立的载体和工具。

以共同侵权的事实和理由，小股东 C 连带起诉了大股东新设立的公司，申请法院查封保全新公司的账户，并最终成功冻结了其财产。

漫长的法律诉讼即将开始，结果如何，我们等待法院的公正裁决。但这样一场漫长的法律程序，恐怕对大小股东来说，谁都不是赢家。无数的商业机会一旦失去，就一去不复返了。

站在商业理性的角度上，站在大小股东不同的视角上，下面将以法律为准绳，对大小股东各自的定位及面临的问题进行剖析。

（三）大股东常见的侵权方式

一般而言，大股东往往是公司的实际控制人，其可以利用持股比例以及对公司的实际控制，从而做出种种不利于小股东的侵害行为。

以下简述大股东的种种操纵行为：

1. 操纵利润分配，拒不分红

有限责任公司是否分配利润以及分配多少利润属于公司股东会的决策范畴。大股东基于其投票权的优势，很容易操纵利润的分配。在此情况下，如果没有事前的约定，小股东很难制约大股东。

股东会是否依法做出分配利润的决议属于公司自治的范畴，在股东会做出决议之前，股东直接向人民法院提起诉讼请求判令公司向股东分配利润的做法缺乏法律依据。

2. 虚假出资或抽逃出资

公司在增资配股过程中，大股东可能名义上出资了，但实际上并未履行产权转移手续；或者出资后利用控制公司的便利，通过各种手段将资金转移出去。这样一来，大股东很容易就通过空手套白狼的方式，未投入资本，却获得了公司的控制权。

3. 利用关联交易、关联企业、关联子公司转移公司资产，从而侵害中小股东权益

根据《公司法》第二十一条的规定，公司的控股股东、实际控制人、董事、监事、高级管理人员不得利用其关联关系损害公司利益。违反前款规定，给公司造成损失的，应当承担赔偿责任。

但在实际的操作过程中，上述行为非常隐蔽，合法与非法之间存在大量的灰色地带，不太好取证，尤其是许多小股东并不参与公司的运营。

4. 恶意转移公司主营业务和核心资产，与公司同业竞争

根据《公司法》第二十条的规定，公司股东应当遵守法律、行政法规和公司章程，依法行使股东权利，不得滥用股东权利损害公司或者其他股东的利益。公司股东滥用股东权利给公司或者其他股东造成损失的，应当依法承担赔偿责任。

5. 未经决议滥用担保

根据《公司法》第十六条的规定，公司向其他企业投资或者为他人提供担保，依照公司章程的规定，由董事会或者股东会、股东大会决议；公司章程对投资或者担保的总额及单项投资或者担保的数额有限额规定的，不得超过规定的限额。

公司为公司股东或者实际控制人提供担保的，必须经股东会或者股东大会决议。

前款规定的股东或者受前款规定的实际控制人支配的股东，不得参加前款规定事项的表决。该项表决由出席会议的其他股东所持表决权的过半数通过。

6. 非法剥夺小股东的知情权和参与权

部分大股东不注意小股东权益的保护，未经依法召开的股东会

或董事会就做出决议，而是由实际控制公司的股东单方召开，或虚构公司股东会、董事会及其会议决议。这种行为严重影响了小股东的知情权和参与权。

（四）小股东的法律武器库

面对上述非法侵害，小股东当然有权拿起法律武器，维护自己的合法权益。小股东主要可以通过以下七种方式维护自己的合法权益：

1. 行使股东知情权，要求查阅公司账册

《公司法》第三十三条规定，股东有权查阅、复制公司章程、股东会会议记录、董事会会议决议、监事会会议决议和财务会计报告。

2. 公司盈余分配诉讼（股东分红权）

《公司法》第四条规定，公司股东依法享有资产收益、参与重大决策和选择管理者等权利。

第三十五条规定，股东按照实缴的出资比例分取红利；公司新增资本时，股东有权优先按照实缴的出资比例认缴出资。但是，全体股东约定不按照出资比例分取红利或者不按照出资比例优先认缴出资的除外。

3. 决议撤销之诉和确定决议无效之诉

决议撤销之诉是指如果股东会、董事会的会议召集程序、表决方式违反了法律、行政法规或是公司章程，股东可以在决议做出之日起60日内请求人民法院撤销。

确认决议无效之诉是指如果股东会、董事会的决议内容因违反法律、行政法规而无效，股东可以提出确认决议无效之诉。

4. 召集会议权，罢免监督权

小股东可以行使股东权，提议召开临时股东会；小股东也可以

担任公司的监事,从而行使监事权,提议召开临时股东会,检查公司财务,对董事、高级管理人员提出罢免建议,对董事或高级管理人员提起诉讼等。

《公司法》第三十九条规定,股东会会议分为定期会议和临时会议。定期会议应当依照公司章程的规定按时召开。代表十分之一以上表决权的股东、三分之一以上的董事、监事会或者不设监事会的公司的监事提议召开临时会议的,应当召开临时会议。

第五十三条规定,监事会、不设监事会的公司的监事可行使下列职权:检查公司财务;对董事、高级管理人员执行公司职务的行为进行监督,对违反法律、行政法规、公司章程或者股东会决议的董事、高级管理人员提出罢免的建议;当董事、高级管理人员的行为损害公司的利益时,要求董事、高级管理人员予以纠正;提议召开临时股东会会议,在董事会不履行本法规定的召集和主持股东会会议职责时召集和主持股东会会议;向股东会会议提出提案;依照本法第一百五十一条的规定,对董事、高级管理人员提起诉讼;公司章程规定的其他职权。

第五十四条规定,监事可以列席董事会会议,并对董事会决议事项提出质询或者建议。监事会、不设监事会的公司的监事发现公司经营情况异常,可以进行调查;必要时,可以聘请会计师事务所等协助其工作,费用由公司承担。

5. 股东代表诉讼与股东直接诉讼

股东代表诉讼是指公司的董事、监事、高级管理人员或是其他人损害公司利益的,公司的董事会、监事会在股东书面请求后拒绝起诉,或是收到书面申请后30天都没有起诉的,或情况紧急,符合条件的股东有权为了维护公司利益，以自己的名义提起诉讼。

股东直接诉讼是指因公司的董事、监事、高级管理人员违反法律、行政法规或是公司章程的规定，损害股东权益的，股东可以直接起诉。

6. 行使股东解散权，要求解散公司

解散公司之诉是指在公司经营管理发生严重困难，存续可能使股东利益受到损害的情况下，如公司两年没有召开股东大会，或是虽然召开了却没法做出决议的，且没有其他办法可以解决的，持有公司10%表决权的股东，可以请求人民法院解散公司。

《最高人民法院关于适用〈中华人民共和国公司法〉若干问题的规定（二）》第一条规定，单独或者合计持有公司全部股东表决权百分之十以上的股东，以下列事由之一提起解散公司诉讼，并符合《公司法》第一百八十三条规定的，人民法院应予受理：公司持续两年以上无法召开股东会或者股东大会，公司经营管理发生严重困难的；股东表决时无法达到法定或者公司章程规定的比例，持续两年以上不能做出有效的股东会或者股东大会决议，公司经营管理发生严重困难的；公司董事长期冲突，且无法通过股东会或者股东大会解决，公司经营管理发生严重困难的；经营管理发生其他严重困难，公司继续存续会使股东利益受到重大损失的情形。

7. 股东行使退股权，要求强制收购

《公司法》第七十四条规定，有下列情形之一的，对股东会该项决议投反对票的股东可以请求公司按照合理的价格收购其股权：公司连续五年不向股东分配利润，而公司该五年连续盈利，并且符合本法规定的分配利润条件的；公司合并、分立、转让主要财产

的；公司章程规定的营业期限届满或者章程规定的其他解散事由出现，股东会会议通过决议修改章程使公司存续的。自股东会会议决议通过之日起六十日内，股东与公司不能达成股权收购协议的，股东可以自股东会会议决议通过之日起九十日内向人民法院提起诉讼。

（五）小股东的四大应对锦囊

小股东虽然有上述公司法规定的权利，但基于资本多数决的原则和大股东控制公司的现实，即便提起了法律诉讼，也费时费力，往往是杀敌一千自损八百，不一定能真正维护好自身的权益。

那么，作为公司的小股东，能否未雨绸缪、提前进行防范呢？答案是肯定的。只要措施得当，我们就能增强自己的反制能力。值得注意的是，小股东需要的不是控制权，而是反制权和否决权，这是以无为求有为的生存之道。

如果你是一位小股东，我们的建议是股权少但格局不能小，要注意如下三个方面：

第一，章程规则为先，不能失去公司运营规则的制定权和参与权。

法律是保护弱者的，作为中小股东，一定要有预先保护自己的概念，在设立公司或者受让股权阶段，应该预先在章程中设置保护中小股东权益的条款。

亲兄弟明算账，把小股东规范管理的理念通过公司章程、股东会会议、董事会会议、监事会会议、财务管理制度、法定代表人责任等具体的实施方案得以实现，为公司植入规范运作的基因。

例如我们可以在章程中约定股东会、董事会参会人员中小股东到会人数和比例，低于规定人数和比例的，就不得召开会议，以此在一定程度上保证表决结果更有利于保护中小股东的正当利益。还可以约定董事、监事、高级管理人员对公司应当承担赔偿责任的具体条件和计算方法等。

第二，积极行使知情权。

知情权是保障小股东权益的基础，其中最核心的就是财务知情权。

在实践中，法律虽然赋予了股东查账的权利，但因为专业和费用等问题，这个权利并没有得到很好地行使。

我们建议可以在章程里面约定，每年由公司负责聘请会计师事务所进行审计，但具体审计的机构由小股东来选择。同时在公司章程中约定查账权的范围包括原始记账凭证，并由公司定期向股东发送公司财务报告的制度安排。

第三，行使退出权，走为上计。

在合作关系难以为继的情形下，中小股东可以依据法定的条件要求公司回购其股份。当出现《公司法》第七十四条规定情形之一的，对股东会该项决议投反对票的股东可以请求公司按照合理的价格收购其股权。

但是上述条件比较苛刻，一般情况下不太容易实现。基于上述考虑，我们可以参照专业投资人的做法，通过公司章程的设计或者协议约定，对小股东请求控股股东回购股份的情况做出明确的约定，当大股东严重侵犯小股东利益，或者侵占公司财产等情况出现时，小股东有权以事先约定的价格或者评估价格要求大股东回购股权，从而彻底退出公司。

总之，作为公司的小股东，要积极有为、积极参与章程和规则的制定，以法律维护自身的合法权益；同时也要知道，法律不是万能的，法律是有时间成本和金钱成本的，善战但不恋战，三十六计走为上计，以一个合适的价格体面退出也是一个可以接受的选择。

在这方面，还可以借鉴投资机构的做法，专业投资者一般也是投大钱、占小股，从这个意义上来说，投资机构也是所投资公司的小股东。但是投资机构往往通过一些专业的做法，来最大限度地维护自身的利益。

1. 小股东锦囊之一：在投资入股阶段控制风险

假如有一个项目，双方对前景非常看好，需要双方共同出资1 000万元，新设立一个公司来运作，对方大股东认缴800万元，小股东需要认缴出资200万元。

尽管对项目非常看好，但小股东仍对合作大股东的资信和实力有疑虑，且对方对公司有掌控和运营权。在此情况下，小股东如何选择才是最优的方案呢？

按照目前公司认缴注册资本的实际情况，双方约定注册资本分期缴纳，对方实缴了400万元，小股东方实缴了100万元，其余的认缴出资约定期限是20年。

公司设立后，由对方大股东进行运营，一年后，由于公司运营失误加上外界的不可抗力风险，公司对外欠债1 000万元，大股东无力继续运作也无力还款，在此情况下，公司被债权人起诉进行破产清算。

按照《公司法》《企业破产法》的相关规定，在公司作为债务人不能清偿到期债务或明显缺乏清偿能力的情况下，债权人可以向法院提出破产申请。公司作为有限责任主体，需要以其认缴的出资为限承担有限责任。如果对方大股东没有能力继续履行后续出资400万元的义务，那么，作为小股东就要承担连带责任，除了自身的100万元后续出资外，很大可能会被法院执行连带承担大股东的400万元的出资义务。

因此，小股东也会被法院判决承担连带责任，进而被列入失信名单和限制高消费的名录，这样就会非常被动。

法律依据

《企业破产法》第三十五条规定，人民法院受理破产申请后，债务人的出资人尚未完全履行出资义务的，管理人应当要求该出资人缴纳所认缴的出资，而不受出资期限的限制。

《最高人民法院关于适用〈中华人民共和国公司法〉若干问题的规定（三）》第十三条指出，股东未履行或者未全面履行出资义务，公司或者其他股东请求其向公司依法全面履行出资义务的，人民法院应予支持。

公司债权人请求未履行或者未全面履行出资义务的股东在未出资本息范围内对公司债务不能清偿的部分承担补充赔偿责任的，人民法院应予支持；未履行或者未全面履行出资义务的股东已经承担上述责任，其他债权人提出相同请求的，人民法院不予支持。

股东在公司设立时未履行或者未全面履行出资义务，依照本条第一款或者第二款提起诉讼的原告，请求公司的发起人与被告股东承担连带责任的，人民法院应予支持；公司的发起人承担责任后，可以向被告股东追偿。

下面我们换一个思路，看看专业的投资机构，也就是风险投资机构是怎么操作的。

从整体操作模式来看，风险投资机构一般不会担任公司的发起股东，而是要求大股东先注册一个公司，然后它再以增资扩股的方式加入，同时在投资协议和公司章程中对公司的管理制度、财务制度、公司三会议事规则乃至重大否决权进行约定。

这样通过后续加入的方式，就可以避免设立时股东出资不实从而需要承担连带责任的风险，能够及时止损，为投资风险划定边界。

专业投资机构的这一招，非常值得我们借鉴。除了上述的民事连带责任外，后续加入还能够大大减少触犯刑事犯罪的可能性。作为创始股东，公诉机关往往能举证证明创始股东即便没有参与运营，对于公司的非法行为是明知或应该明知的，因为创始股东往往会参与创始股东会决议、对公司高管及运营模式有较大的参与度。如果是后期通过股权转让获得股东资格的，假如没有证据证明其参与了公司运营，其仅仅是一个履行出资义务的独立主体，可界定为一个外部的投资人，一般涉案的可能性较小。

综上所述，在联合创业、对大股东信任度不太高的情况下，我们建议小股东以后续增资扩股的方式来加入公司，一方面能防止民事的法律连带责任，另外一方面能减少触犯刑事法律的风险。

2. 小股东锦囊之二：在知情权阶段控制风险

2009 年，某知名餐饮品牌股权内斗风波愈演愈烈，公司创始人之一、副董事长潘某某以行使股东知情权为由起诉当时由蔡某某掌权的公司，最后胜诉。法院判定公司拒绝大股东查账审计属违法，要求公司将财务报告、财务账册、会计凭证、银行对账单提供给大股东潘某某进行账目审计。

通过上述知情权诉讼，潘某某获悉蔡某某众多的财务问题，从而将蔡某某推向刑事犯罪的被告席，直至其最后被判刑入狱。此后胜利的天平转向了潘某某，公司控制权重新回到了他的手中，外部投资人也站在了他这一边。

四年之后，蔡某某及其代理人分别向公司发出《关于查阅、复制公司有关资料的函》等函件，公司则两次回函拒绝查账。

随后，蔡某某一方向法院提起了诉讼，最终法院判决胜诉：公司需将全部股东会会议记录及决议、财务会计报告及审计报告等提供给蔡某某一方查阅。

由此可见，对于弱势的小股东一方，他们不掌握公司的运营管理大权，在双方矛盾激化的情况下，知情权和查账权是法律赋予他们的一个非常重要的武器。而要行使好查账权，须注意如下三个法律规定：

（1）积极行使"前置程序"并保留证据

在股东知情权诉讼中，存在一个前提条件，即小股东必须首先向公司提出查账的请求。公司自股东提出书面请求之日起 15 日内明确拒绝或者拒不书面答复的，股东即可向法院提起知情权诉讼。

公司法规定这一前置程序的目的在于保障股东享有救济途径的同时，防止其滥用知情权，从而维护公司的正常经营。

（2）小股东查账权的行使要区分分公司和子公司的不同性质

通常认为，分公司不是独立的主体，不具有独立的法人资格，因此其所有的资产负债状况也一并列入总公司的资产负债表中。因此，股东有权要求查阅分公司账簿。

而子公司属于独立的民事主体，与母公司相对独立，因此法院一般不支持对子公司的查账请求，小股东可以通过其他的渠道维护自身的合法权益。

（3）小股东查账权的范围一般包括查阅原始会计凭证

有限责任公司的股东大都不具有专业的财务知识，如果仅查阅会计账簿，很难看到有价值的信息，必须要看原始凭证。

在《最高人民法院关于适用〈中华人民共和国公司法〉若干问题的规定（四）》的框架下，股东有权聘请具备专业能力的律师、会计师等专业人士查看公司的资料，协助股东行使知情权，但对于是否包括原始凭证则是语焉不详。

在目前法院的案例中，对于原告要求查阅原始凭证的诉请，人民法院基本倾向于支持。为了更加有效地实现对原始凭证的查阅权，建议股东们在公司章程中约定，将原始凭证列入可查询内容范围，以避免不必要的争议。

总之，股东知情权诉讼和查账权是法律为了维护小股东的利益，平衡小股东和控股大股东之间的关系而设立的。小股东一定要善于运用这个法律赋予的权利。

3. 小股东锦囊之三：在公司运营三会阶段（股东会、董事会、监事会）控制风险

提起三权分立，大家并不陌生。所谓三权分立，是立法、行政和司法三种国家权力分别由三个不同机关掌握，各自独立行使，相互制约。

《公司法》吸收了"三权分立"的思想，创设了股东会、董事会、监事会三个机关，分别行使决策权、经营控制权、监督权，形成了现代公司的法人治理结构。

其中，股东会是公司的权力机关，它由全体股东组成，对公司重大事项进行决策，有权选任和解除董事，并对公司的经营管理有广泛的决定权；董事会作为股东会这一权力机构的执行机构，负责公司业务经营活动的指挥与管理，对公司股东会负责并向其报告工作，行使包括"执行股东会决议"在内的多项职权，其权利来自股东会；监事会则代表股东监督公司董事会和管理层的经营行为，是一个法定的监督机构。

上述法律规定看起来是很明晰的，但在公司的不同发展阶段，其侧重点还是有很大不同的。

(1) 创业初期的公司三会

在创业初期股东结构简单，诉求一致，往往是股东会、董事会、监事会三会合一，甚至有的公司干脆不设置董事会和监事会，而是以执行董事和一名监事来代替。

在此阶段，股东会和董事会往往是重合的，在实际运作中也是以效率为先，对监督制衡考虑得很少。实际运作上几乎完全不把公司法所要求的那一套内部治理机制当回事，一个强有力的领导人带领公司存活下去，才是最重要的。

(2) 投资人进入或者公司股东范围扩大后的公司三会

当投资人介入董事会的时候，情况就发生了变化。创业公司在融资过程中会发现，投资方一般投入一大笔资金，却享有公司一小部分股权。投资人为了保护自己的股东利益，都会要求在股东会层面具备一票否决权或者要求在董事会层面拥有一名董事席位。这样发展的结果就是，公司董事会规模扩大，从创始人一个执行董事发展到3名、5名、7名甚至9名的董事会规模。

(3) 公司股改或者上市阶段的公司三会

公司发展到一定规模之后，因公司上市或者扩大股本的需要，需要将一般的有限责任公司改制为股份有限公司。

在这个阶段，对公司股东（大）会、董事会、监事会的规范运作要求更高，需要在专业机构的指导下，制定公司章程、股东会议事规则、董事会议事规则、监事会议事规则，并在运作中严格执行。主要注意事项有：公司章程是否符合《公司法》《证券法》及中国证监会和交易所的有关规定；公司组织机构是否健全、清晰，其设置是否体现分工明确、相互制约的治理原则；公司是否依法建立健全公司股东（大）会、董事会、监事会、独立董事、董事会秘书制度，公司战略、审计、提名、薪酬与考核等各委员会是否实际发挥作用；独立董事的任职资格、职权范围等是否符合有关规定，有无不良记录，独立董事、外部监事（如有）是否知悉公司相关情况，是否在董事会决策和经营管理中发挥实际作用。

在此阶段，我国资本市场奉行的是股东（大）会中心主义，众多中小散户基本不参与上市公司治理。因此，股东（大）会中心主义实际上很容易演变成大股东完全控制公司，从而侵害小股东利益的机制。

对于股权比较分散的上市公司，由于没有实质意义上的控股股东，股东的控制权可能会面临外部"野蛮人"入侵的危险。上述公司以某知名房地产集团最有代表性，该集团的大股东对公司的控制力较弱，出现了无实际控制人的公司治理格局，以该集团创始人王某为首的管理层、公司董事会对公司发展有较大的控制力。

总体而言,此阶段的公司三会以规范性为主,同时会面临较为强大的外部监管和制度约束（独立董事制度）。

因此,虽然同样适用一部《公司法》,但由于创业公司处于不同的发展阶段,创业者应统筹公司的发展水平及外部股东、投资人、监管机构的不同诉求,综合设计自己的公司三会制度。

对于小股东来说,对公司最基本的要求是规范三会的运作机制,如果有谈判能力,最好能取得董事会或者监事会的一定席位,乃至在某些问题上拥有一定的特殊权力,比如董事提名权等。

4. 小股东锦囊之四：以退出权（回购权）控制风险

在我国的专业投资机构来看,没有对赌协议的投资是非常罕见的。

所谓对赌协议又称估值调整机制,指当投资方与融资方在签订融资协议时,由于对未来业绩无法确定,双方在融资协议中约定一定的条件（一般是以一定的业绩指标作为标准）,如果约定的条件出现,由投资方行使估值调整权利,以弥补高估企业自身价值的损失；如果约定的条件未出现,则由融资方行使一种权利,以弥补企业价值被低估的损失。还有一种情况是,如果存在严重侵害投资方利益的情况,投资方有权要求公司的大股东,也就是实际控制人以约定的价格回购上述股权,从而有效保护投资方的利益。

《九民纪要》出台前,投资人与目标公司的对赌协议无效,但与股东的对赌协议有效。因为融资公司股东与投资方签订对赌协议,即使承诺以股权或现金补偿融资方,也并不损害公司和债权人的利益,不违反法律法规的禁止性规定。《公司法》第七十一条和第一百三十七条也规定了股东之间可以互相转让股权。因此,若融资公司股东输掉对赌协议，对投资方进行股权回购，也只属于股东之间股权的互相转让，这不会导致公司总资产的减少，符合资本维持原则的要求，同时不会危及公司债权人的利益，不违反法律法规的强制性规定，也不违反公司法的要求，应属有效。故对赌协议中关于股东进行股权回购的内容实际上属于股东之间自愿达成的股权转让合意，应属有效。

《九民纪要》出台后，放宽了投资方与目标公司签订对赌协议的限制，但与投资方和持股股东签订对赌协议相比，仍然限制较多。故投资方在与目标公司签订对赌协议时，可以与其控股股东或大股东签订，这样可以最大程度地维护投资方利益，避免可能的法律风险。

对于小股东来说，可以参考投资机构的操作方式，以公司章程和回购权相结合的方式，进一步维护自己的利益。比如，可以在公司章程中约定小股东知情权及其方式、查账的方式及范围、大股东及公司方的配合义务，如果大股东违反了上述约定，则可以要求大股东以约定的价格履行股份回购义务，从而及时止损退出。

对于小股东来说，不战而屈人之兵，实现全身而退，这恐怕是最好的方式了。

（六）小股东反噬公司及大股东的方式（以小欺大）

一般而言，都是大股东侵害小股东的利益。但事情也不是绝对的。小股东反噬大股东，侵害公司的情况也是存在的。

表现形式之一：小股东利用其身份和知情权，获取公司的信息，与公司开展同业竞争

按照我国目前《公司法》的规定，股东同业竞争尚未被我国

《公司法》所规制，若股东违反章程或其他合同约束而从事同业竞争，导致公司利益受损时，公司可寻求《侵权责任法》作为保护依据。

在实际操作层面，如果没有公司章程的规定或者协议的约束，追究小股东与公司同业竞争的法律责任存在一定的法律障碍。

案例：在四川某科技有限公司与上海某电子科技发展有限公司、蔡某某损害公司利益责任纠纷案中，法院认定：股东同业竞争尚不是现有《公司法》规制的侵权行为，股东同业竞争在某些情况下会侵害公司的民事权益，可以对公司按照《侵权责任法》进行保护。

表现形式之二：小股东的牛皮糖战术，让大股东甩不掉

小股东作为公司法保护的对象，即便与大股东有矛盾，大股东也无权开除小股东，只能通过增资扩股或者股权转让的方式来曲线救国，但也需要小股东的配合。

曾经出现过某公司的小股东，对日常工作基本不配合，但公司又有进一步发展的潜力和技术实力，在这种情况下，小股东的牛皮糖战术会让大股东无从下手。而重新设立公司会面临法律和实践的双重约束，严重影响了公司的进一步发展。

表现形式之三：在融资或者上市的关键节点，小股东制造障碍

公司发展到某一个阶段后，就需要借助资本市场发展业务，推动融资及上市，此时，天时、地利、人和缺一不可。

在企业融资及首次公开募股（IPO）过程中，中介机构会履行股东核查职责并取得相关的股东会决议，若企业因为某种原因无法与小股东取得联系或者与小股东有矛盾而无法达成一致意见，则会影响融资及 IPO 的进度。

若小股东不配合股东的核查工作或对上述议案投反对票、不配合出具相关承诺函，则会极大地影响相关进程，甚至会使相关的工作功亏一篑。

对于上述小股东的反噬行为，大股东有何应对之策呢？在此，我们给出三大建议，供大股东参考。

建议一：设置缓冲期和成熟期

有限责任公司兼具资合与人和的双重属性，在某种程度上更加注重人和的属性。有经验的创业者可以通过设置缓冲期的方式，以时间来进行度量。

例如，在合作之初，可以通过设立虚拟股权的方式来分享收益，暂时以股权代持或者其他分红权的方式来设置；缓冲期之后，股东磨合已经初见成效，此时可以考虑将上述虚拟股权转化为具有工商登记的实股。

建议二：设置隔离墙持股平台

目前对公司骨干员工和外部合作伙伴一般都设置持股平台（有限合伙）来进行管理，公司实际控制人担任有限合伙的普通合伙人，从而实现以少数股权控制多数股权。

上述小股东通过持有平台的相关权益，从而间接拥有公司的股权。这样的好处是把风险化解到持股平台层面，不会影响标的公司，对相关股东进入与退出的管理也会方便很多。另外，上述持股平台如果设立在税收洼地，还能实现一部分避税功能。

建议三：设置回购条款

外部投资人进入公司时，会让公司大股东签署相关的对赌协议和回购条款。同理，大股东也可以设置回购条款，尤其是在公司进行内部股权激励的情况下，如果因被激励对象的离职而产生争议，设置一个完善的回购条款是非常重要的。前文提到的某电信业公司当年在股份回购过程中，就曾经因回购条款的计算标准问题而引起一场诉讼。因此，在什么情况下退股、以什么价格退股对于股权激励都是非常重要的一项内容。

（七）大小股东双重视角，以专业方式守护股权

以下分别从大股东、小股东的双重视角，剖析常见的一些侵害股东利益的表现形式及应对之策。其实，大小股东的关系是一种基于人和的深度合伙关系。做过公司实务的都知道，就大多数公司而言，一般是由大股东控制董事会和高管团队，整体把控公司的发展方向。对于众多的小股东而言，是基于对大股东的信任，且同时也是一种搭便车的行为。

大小股东的利益是对立统一的关系，除了僵硬的法律规则之外，坦诚、沟通、妥协、尊重的股东内部交往原则非常重要。

坦诚是指要倡导股东之间坦诚相待，这是人与人诚信交流和友好相处的基础，是沟通、妥协和尊重的前提。

沟通是指要在坦诚的基础之上，对任何问题，鼓励股东深入交流和沟通，各抒己见、见仁见智。

妥协是指在沟通中，如若出现分歧，则应当相互谅解，在不违背重大原则、不涉及大是大非的前提下，各方均应保有主动妥协的姿态。如果确实无法达成一致的，可以按照签订的议事规则来进行表决，以规则为重。

尊重是指当谦和礼让一方妥协时，其他各方均应当表达对妥协者的尊重,唯有如此,方能保持坦诚、沟通、妥协、尊重的良性循环,维护构建股东之间的良好氛围。

因此,大小股东追求和谐共赢,所有的一切都要建立在合法、合规的基础之上,以法律手段、专业方式守护股权,公司发展之路方能行稳致远。

五、夫妻创业视角

据统计,中国的创业人士中,62.7%的创始人股东婚姻状态为已婚,一旦创始人股东的婚姻情况发生变化,便会涉及夫妻共同财产——股权的分割问题。

此类案件不胜枚举,如GJ网创始人杨某某与前妻王某某因离婚诉讼导致股权纠纷,成为GJ网上市路上的绊脚石;MD网CEO王某也曾在上市前夕遭遇婚变纠纷。

2020年春,新冠肺炎疫情带来的冲击还未消退,某知名网店创始人李某某和俞某夫妇通过一次次的戏剧性事件,一度成为热搜榜榜首的主角。

1. 此情可待成追忆,夫妻同心创业史

1996年,俞某和李某某在美国相遇,一见钟情。

1999年11月,该知名网店成立并投入运营,李某某任总裁,主管内部战略,俞某担任董事长,负责对外招商引资。双剑合璧,获得了很多投资机构的青睐。

2000年2月,网店首次获得风险投资。

2004年2月,网店获得第二轮风险投资,获著名风险投资机构投资750万美元。

2004年,亚马逊提出收购该网店70%~90%的股份,强调价格

可以商量，但是亚马逊必须绝对控股，未果。

2006年7月，网店获得第三轮风险投资，由著名风险投资机构DCM、华登国际和Alto Global联合投资2 700万美元。

2010年12月，网店在美国纽约证券交易所成功上市，联合创始人李某某、俞某夫妇共持股43.8%。

2013年，百度公司与网店洽谈合作事项，未果。2014年，腾讯公司要以33%股权入驻网店，未果。两次未果皆因公司控制权的问题。

2016年9月，网店以5.56亿美元的市值完成了私有化退市，市值已不足上市时的四分之一，甚至不到京东市值的1%。

2019年，李某某摔杯一怒为股权，夫妻股权大战一触即发！

2. 夫妻股权大战回顾：从摔杯到抢章再到行政拘留，法庭见

Part 1　李某某摔杯

2019年10月10日，在某节目录制现场，网店创始人李某某在谈起被自己妻子"逼宫"时，怒不可遏，抓起桌上的水杯砸了出去。李某某怒砸杯子，在舆论界激起千层浪，也让广大的围观群众看到了夫妻联合创业过程中的无奈。

2019年10月12日，李某某发布微博为摔杯道歉，他表示实是"情难自已"，吓到主持人了，更抱歉的是把夫妻创业污名化。

Part 2　网络互战：夫妻互撕，刀刀见血

2019年10月19日，李某某照常发起了微信朋友圈，为自己新创业项目做广告，颇有些风和日丽、岁月静好的感觉。

但令人没想到的是，这彻底激怒了默不作声的俞某。当天深夜10点，俞某在李某某的朋友圈下投下重磅炸弹，从净身出户、到公

司运营再到个人生活,乃至家庭情况,一一回应。长达几千字的回应,爆料甚多。随后李某某在微博上进行了回应,称7月已向法院提起离婚诉讼,但俞某以感情尚未破裂为由不同意离婚。在微博中,李某某表示,婚姻已无法挽回,等待法院做出公正判决。

Part 3　李某某的反击,抢公章大战

沉寂半年后,李某某和俞某再次上演"夺权"大战,这一次的焦点是公章。

2020年4月26日,网店原CEO、联合创始人李某某重回公司,以股东名义带走公司公章,并发布《告公司全体员工书》(以下简称《告知书》),称俞某仅为董事,无任何职权;李某某当选董事长,有权依法全面接管公司,负责公司经营管理。

随后,该网店在发给媒体的声明中回应称:"2020年4月26日早9:34,李某某伙同5人,闯入公司办公区,抢走几十枚公章、财务章,公司已经报警。"

抢公章事件一出,不出意料的冲上热搜,也引发了媒体和法律界关于抢公章法律问题的大讨论。

Part 4　强撬保险柜,李某某被行政拘留

2020年7月8日晚间,有关公安机关官微发布通报,称2020年7月7日7时许,违法行为人李某某纠集他人,在辖区某办公场所内,采取强力开锁、限制他人人身自由等方式扰乱了该公司正常工作秩序。目前,公安机关已将李某某等4名违法行为人依法行政拘留。

新闻通报中的李某某即是该网店创始人。上次抢完公章之后,这次又来抢资料,但这次明显违法了。

从新闻报道来看，这次主要是限制他人人身自由，在抢夺资料过程中保安受伤。根据《治安管理处罚法》第二十三条规定，扰乱机关、团体、企业、事业单位秩序，致使工作、生产、营业、医疗、教学、科研不能正常进行，尚未造成严重损失的，处警告或者 200 元以下罚款；情节较重的，处 5 日以上 10 日以下拘留，可以并处 500 元以下罚款。

对于自己被行政拘留，8 日晚，李某某通过微博回应，作为股东会和董事会选举的董事长，依据股东会决议，带领管理团队接管公司，于理有据、于法有依。现在被强制传唤，无论面临何种处罚都会坦然承担。

被网友密切关注的这出夺权大戏，最终会走向何种结局，还要等待法院的最终判决。

Part 5　未完待续：静候法院的裁决

2019 年 11 月 29 日，该知名网店创始人李某某与妻子俞某离婚案在北京市东城区法院第一次开庭，李某某在法院外对媒体记者表示，此次开庭他的诉求是离婚、平分股权。

2020 年 6 月 15 日，李某某、俞某离婚案第二次开庭，由于牵涉公司股权分割，较为复杂，本次庭审暂未宣判。

3. 李某某夫妻股权大战中的重点法律问题

（1）该网店股权架构的法律分析

最初，李某某与妻子俞某共同创办该网店，任联合总裁，夫妻各自拥有北京某电子商务有限公司 50% 的股权。经过后续的上市及私有化，公司的股权架构几经演变，如今的股权架构如下：

北京某电子商务有限公司（母公司）全资设立天津某电子商务

有限公司（子公司）；子公司全资设立北京某信息技术有限公司（孙公司），孙公司是网店的运营主体。即母公司通过两次全资方式控股孙公司，进而运营该网店。

在母公司的层面，共有五名股东，分别是俞某持股64.20%，李某某持股27.51%，天津某企业管理咨询合伙企业持股4.40%，天津某管理咨询合伙企业持股3.61%、上海某企业管理中心持股0.28%。

（2）李某某的逻辑——以《民法典》代替《公司法》

李某某对外宣传是合法接管并控制公司，其逻辑来源于夫妻双方在公司的股权（两人合计持有91.71%）属于夫妻共同财产，在未进行财产约定或者财产分割之前，其有权对该91.71%的股权行使股东权利。即便夫妻双方有纠纷，也属于家事的范畴，和外人无关。

李某某认为两人合计持有公司91.71%的股权（分别为李某某持股27.51%、俞某持股64.20%），系根据夫妻共有财产的法律规定，从而享有股权；即便夫妻对上述股权进行平均分割，其本人也有45.85%，加上那8.39%的小股东，合计起来也超过50%的简单多数，股东会决议合法有效。

其上述理论逻辑建立在两个基础之上：《民法典》高于《公司法》；先下手为强，先替法院做主，在法院未进行判决之前，自行认定自己拥有一半的夫妻共同股权。

不得不说，上述操作颇有移花接木、偷梁换柱之嫌。但严格来讲，这不符合《公司法》的相关规定。

（3）俞某的逻辑——《公司法》优先

公司目前的控制权在俞某手中，其本人是公司工商登记层面的大股东（持股64.20%），包括公司人事权、财务权、运营权、法定代表人在内的绝大多数权力都在其控制之下（除了公章被李某某抢走之外）。

虽然公章被抢会给公司运营造成一定的困扰，但在法院未进行判决，和实际分割之前，俞某理所当然地是公司的实际控制人，能控制股东会、董事会，乃至公司的运营团队。

从俞某的立场出发，其自然是坚持《公司法》优先，坚持目前公司工商登记上的股权比例，消除《公司法》夫妻共有财产分割对其的不利影响。

这从她在法院庭审中坚持夫妻感情尚未破裂，拒绝离婚就能看出。一旦离婚，就面临着夫妻股权分割的问题。如果没有特别的证据，二人平分股权的概率很大，从而威胁到其第一大股东和实际控制人的地位。

(4) 法院如何认定——大猜想

问题一：婚后创业的股权，是否属于共同分割的财产？

答案是肯定的。《民法典》第五篇婚姻家庭第一千零六十二条规定，夫妻在婚姻关系存续期间所得的下列财产，为夫妻的共同财产，归夫妻共同所有：(1) 工资、奖金、劳务报酬；(2) 生产、经营、投资的收益；(3) 知识产权的收益；(4) 继承或者受赠的财产，但本法第一千零六十三条第三项规定的除外；(5) 其他应当归共同所有的财产。

《民法典》上述的规定可定性为"夫妻财产一体制"，在没有夫妻共同财产约定（或婚前协议安排）的情况下，婚后创业的股权应属于共同分割的财产范围。即使配偶一方的股权形成于结婚登记之前，根据《民法典》的规定，一方在婚姻关系存续期间经营取得的收益仍为共同财产。也就是说，只要股权的收益，包括分红及增值源自婚后，则股权的增值及收益部分将会演变为"出资＋收益"的混合体，另外一方有权要求分割。

从《公司法》的角度而言，股权是一种权利，是股东基于其股东身份和地位而享有从公司获取经济利益并参与公司经营管理的权利。因此，确切来说，夫妻共有的不是股权，而是股权价值，股权价值能否转化为实际的股权，则需要参照标的公司章程及公司法的相关规定。

在离婚诉讼时，只是出于方便称为分割股权，其实质是指分割股权价值，而股权价值属于夫妻共同财产。

问题二：股权怎么分？

本案特殊之处在于，李某某、俞某夫妻都是工商在册登记的股东。如上所述，该网店创始人李某某、俞某夫妻二人合计持有母公司91.71%的股权，其中俞某持股比例为64.20%，李某某持股比例为27.51%。

通常认为，工商登记的股权比例不等同于夫妻约定的共同财产比例，如果双方未以书面形式明确约定财产份额，或者未通过协商达成解决方案，而公司章程中也未对股东离婚时股权变动的方式做出明确规定，那么双方的股权以及股权所对应的收益部分将被视为夫妻共同财产，原则上应予平分。

根据《北京高院民一庭关于审理婚姻纠纷案件若干疑难问题的参考意见（2016）》第二十二条的规定，若双方就股权分割问题无法协商一致，且双方都主张股权，此时人民法院可依法按比例分割股权，既无须考虑股权价值问题，也不用考虑其他股东的优先购买权问题。

鉴于李某某、俞某夫妻二人均为北京某电子商务有限公司工商登记上的现有股东，二人之间的股权转让与分割不以公司其他股东行使优先权为前提。在这种情况下，根据法院的判决或者双方的商定直接分割股权即可，无须其他第三方股东的确认。

问题三：股权代持是否成立？

股权代持又称委托持股、隐名投资或假名出资，是指实际出资人与他人约定，以他人名义代实际出资人履行股东权利义务的一种股权或股份处置方式。股权代持的主要原因是持股人由于自己身份原因不适合当公司股东，或避免公司股东人数超过上限，因此找人代持。

李某某向媒体透露，该网店私有化之后，俞某提出将二人持有的股份对半分，此后又劝其拿出一部分股权给儿子，后因儿子年纪和国籍原因，俞某建议由自己代持儿子股权，李某某均表示同意，此后，俞某持股比例由此激增，超过60%。

在本案中，代持行为是否存在、是否有效，各方真实的意思表示究竟是什么，将在很大程度上决定案件的走向。

一般而言，除特殊金融行业、国家限制行业外，股权代持协议只要不违反相关法律法规就合法有效，但实际出资人（即"隐名股东"）和名义股东（即"显名股东"）因股权代持行为而产生的法律风险却客观存在。

4. 夫妻共同创业过程中的疑难法律问题

问题一：《民法典》与《公司法》的冲突，如何处理？

在我国的法律体系中，离婚与股权分割分属两个部门法，即民法领域的《民法典》与商法领域的《公司法》。

民法的核心理念是私法自治，以保护原权利人为核心，偏重于民事权利义务关系的静态保护和原始权利的保护，通过裁判修复当事人之间受到损害的民事关系，进而恢复到以前的和谐状态。

商事审判则侧重于动态保护，关注交易安全和交易秩序的维护，不注重主体内心真意，采用客观化的、可识别的外部标示来确保商事交易的进行。

司法实践中，在分割夫妻共同股权时一般将《民法典》及有关司法解释作为分割夫妻共同财产的特别规则的优先适用，从而将股权等价分割或等额分割。在案件实际审理过程中，某些法院采取的是将股权分割之诉在夫妻离婚诉讼中一并处理，优先适用《民法典》的有关规则的方式，另外也有以下法院采取将股权分割之诉从离婚之诉分离，夫妻在离婚之后另通过公司诉讼分割股权，这种情况下优先适用《公司法》的股权分割规则。

从2020年施行的《民法典》来看，其中第一千零六十二条所列举的：（1）工资、奖金、劳务报酬；（2）生产、经营、投资的收益；（3）知识产权的收益；（4）继承或者受赠的财产，但是本法第一千零六十三条第三项规定的除外；（5）其他应当归共同所有的财产。这五项夫妻共同财产中并没有将股权直接列入在内。

不难发现，之前的司法解释等规定中自始至终没有出现"股权"两个字，而是借以"出资额"的名义。此外，有关规定的前提都是夫妻双方协商一致的情形。当协商不一致时，在实务中，各地法院对此的处理方式不同，目前没有一个统一的标准。

问题二：有限责任公司股权分割时，价值如何确定？

不同于上市公司的股权有公开的市场价格，有限责任公司一般为封闭性的人和公司，其股权价值是不透明的，同时有大量的无形资产难以确定价值。

对于不参与公司经营的非股东配偶来说，很难掌握公司的财务资料，加上出资人不配合，公司本身财务制度不健全，甚至会出现隐匿会计账簿的情况，这都会成为分割股权价值的障碍。

目前来说，对于夫妻离婚分割财产时股权价值如何确定，法律并没有明确的、统一的规定。在实践过程中，股权价值的确定存在多种方法，例如参照出资额、净资产额、审计评估额、公开市场价等，但是都有各自应用的局限。

对此，《北京市高级人民法院关于审理婚姻纠纷案件若干疑难问题的参考意见》第二十条第一款规定，离婚诉讼中待分割股权之价值存在争议时，应采取协商一致、评估、竞价、参考市场价等方式予以确定。第二款规定，因企业财务管理混乱、会计账册不全以及企业经营者拒不提供财务信息等原因导致无法通过评估方式确定股权价值的，人民法院可以依据该企业在行政主管机关备案的财务资料对财产价值进行认定；或可以参照当地同行业中经营规模和收入水平相近的企业的营业收入或者利润及其他方式来核定其价值。

问题三：公司章程与夫妻间转让股权的冲突，如何处理？

现行《公司法》赋予了公司更大的自治权利。因此，在公司股权转让方面很多公司的章程规定了与现行法律不同的条件，有的对《公司法》进行了松绑，有的则规定了严于《公司法》的条件。例如，有的公司设置在股权转让时，规定其他股东无优先购买权；有的公司设置的条件比法律规定更为严格,如规定股东转让股权需其他股东一致同意,或者由某个大股东、董事长同意等,这都是为法律所允许的。

对于夫妻同为公司股东,在其之间转让分割股权,《公司法》第七十一条第一款规定:"有限责任公司的股东之间可以相互转让其全部或者部分股权。"这表明我国对有限责任公司股权的内部转让采取的是自由转让的原则,无须经过其他股东的同意。但与此同时,《公司法》第七十一条第四款又规定:"公司章程对股权转让另有规定的,从其规定。"这又表明了公司章程在适用上的优先性:章程中对股权转让另有规定的,就应当依照公司章程的规定执行,而不再按照《公司法》规定的股权转让程序进行股权转让。

就夫妻一方为公司股东另一方为非股东的股权转让程序,《公司法》与《民法典》都有程序性的规定,但同时《公司法》也赋予了公司意思自治,即通过公司章程进行限制的权利。在此过程中,如果公司章程与夫妻转让股权发生冲突时,股权转让合同的效力如何,法律没有明确的规定。通常认为,如果公司章程规定了严于《公司法》的股权转让条件,一般应当认定公司章程有效,除非章程根本违反了《公司法》关于股东享有转让出资的基本权利,导致事实上根本不能转让股权;如果公司章程规定夫妻间不能转让股权,同时其他股东也不同意购买该股权,那么法院应当认定上述股权分割的效力。

第二章

以案说法：股权架构的道、法、术

此情可待成追忆，只是当时已惘然。或许若干年后，他们都忘记了当初为何携手又为何争斗。让人惋惜的，不仅仅只是一个失去上市的机会，还有一个身陷囹圄的男人，以及两个家族的持续争斗。

如今岁月飘零、往事不再，让人无限唏嘘。在此，真心希望本章案例能引起家族创业者的深入思考。

第一节 股权内斗，上市梦折戟沉沙

一、身陷囹圄，无力回天

2013年12月12日，某知名快餐连锁企业（以下简称快餐连锁）原董事长蔡某某等人被控经济犯罪一案宣判：广州市天河区法院认定蔡某某职务侵占和挪用资金两项罪名成立，虚报注册资本罪不成立。判处蔡某某有期徒刑14年，没收个人财产100万元。听到判词后，蔡家家属当庭喊冤并号啕大哭，认为判刑过重。

所有这一切源自20年前的合作：白手起家的夫妻与妻弟共同奋

斗、齐心协力，让快餐连锁成为本土餐饮连锁的一线品牌，并获得资本方的投入与公司上市的机会。这不是香港 TVB 的商战电视剧，却比电视剧还要精彩和残酷。或许若干年后，他们都忘记了当初为何携手又为何争斗。

此情可待成追忆，只是当时已惘然。

二、想当初，激情燃烧的创业岁月

美式快餐"麦当劳"起源于麦当劳兄弟创立的汉堡包汽车餐厅，而本案例中的中式快餐连锁起源于东莞的一家甜品屋。

1990 年，潘某某在东莞长安设立了甜品屋，独自经营，在当地渐有名气。

1991 年，快餐连锁的另外一位创始人蔡某某和潘小某（潘某某的姐姐）结婚。1994 年，蔡某某经营的五金店倒闭，大舅哥潘某某拿出甜品屋 50% 股份给蔡某某夫妇，合伙开了一家蒸品店。自此，他们的人生轨迹在这一刻交集，并将深刻影响各自的命运。

创业之初，一家人齐上阵，人尽其才、各司其职、共谋发展。在合作的当年，蒸品店就已经实现了 30 多万元的月销售额。到了 1997 年 11 月，已经开了四家分店。

在技术创新方面，通过和大学的合作，电脑程控蒸汽柜研发成功，攻克了中餐工业化生产的标准化难题，使得公司发展进入了新阶段。

2004 年，蒸品店正式改名为某全球华人餐饮连锁，其创建的中式快餐三大标准运营体系，在品质、服务、清洁三个方面全面与国际标准接轨，同时以全新商标形象开始立足全国市场，并逐步获得了风险投资机构的关注。

2007年，快餐连锁获得中山联动和今日资本共3亿元的风险投资。资本的助力使快餐连锁如虎添翼，一时间，机场、火车站、汽车站处处可见该餐厅品牌宣传形象，400家直营连锁餐厅遍布于北京、上海、广州和深圳等30多个城市。

"兄弟同心，其利断金。"在那些创业的日子里，两个年轻的创业伙伴形影不离、亲密合作，度过了一段激情燃烧的创业岁月。尽管二人多次因意见不合而争吵，但在企业的发展过程中，擅长战略的蔡某某和擅长开发菜品与执行的潘某某，二人珠联璧合的"梦幻组合"，帮助公司实现了华丽转身。

俗话说，共患难容易共富贵难，当利益大到一定程度，蔡潘两家的矛盾暗流涌动，而作为当初合作基础的婚姻关系的终结，则最终给了这段合作关系致命的一击。

2006年9月，蔡某某与妻子协议离婚。从此之后，最后一丝温情的面纱也已经撕下，赤裸裸的内斗开始了。

其实，争斗的种子一开始便已经在股权架构上埋下。

三、不合理的股权架构

遥想1994年，兄弟二人联手创业时，当时公司的股权分配是50%对50%，一家一半，这充分体现了当时双方友好平等的关系。

有福同享、有难同当，兄弟二人既是创业伙伴，又是一家人。"风流总被雨打风吹去"，这个带有强烈平均主义、浪漫主义的股权架构注定会受到人性和商业理性的无情考验。他们合作当时没想这么多的后果，却无意中进入了家族创业股权分配的一个陷阱。

畸形股权设置陷阱：均分式股权模式（你有，我有，全都有）。在设立公司的过程中，如果不是一方具有绝对的强势，往往设置出双方均衡的股权比例。比如，公司两个股东各50％股权，或者三个股东30％、30％、40％等。这样的股权设置，不仅容易形成股东僵局，无法形成有效的股东会决议，更容易激化股东矛盾，造成公司控制权与利益索取权的失衡。

四、公司控制权争夺

兄弟二人联手创业时的股权比例是50％对50％，因此当时的管理模式可总结为："轮流做庄，有事多协商。"

但随着企业的发展壮大以及风投资金的进入，企业进入了多事之秋。在资本的支持下，蔡某某加大了"去潘化"的步伐。

第一步：攘外必先安内，夫妻股权分割

蔡某某创业成立公司均为婚后行为，所以该部分权益（50％的快餐连锁股权）为夫妻共同财产，按照法律规定，如果离婚，夫妻双方均可得到25％的股权。

风险投资也很在意创业者的婚姻状况，当时为了顾全大局，谋划上市之路，夫妻双方只能于2006年秘密离婚，对外仍然大秀恩爱。双方在私下的离婚协议中规定：妻子原持有公司25％的股权归蔡某某所有。（对于该协议，妻子在2009年的诉讼中认为，当时的意思是该部分股份只是由蔡某某代管，将来都留给孩子，并不是无偿赠与蔡某某。）

不过当时二人表演的夫妻恩爱，获得了投资人的信任。2007年，快餐连锁获得了两大知名投资公司的3亿元的风险投资。

第二步：引入风险投资，初步控制董事会

风险资本进入后，根据投资方和蔡某某的约定，联动投资将自身的3％的股权转让给蔡某某控股的东莞YT创业，这样一来，蔡某某及其控股公司取得了快餐连锁50%的股份，在股权争夺中占得了先机。

与此同时，在董事会层面，除了蔡某某、潘某某两位创业伙伴董事外，另外三名董事分别来自两大知名投资公司。这样一来，蔡某某在资本的支持下，以3∶2取得了对董事会的控制权。

在公司业务经营层面，蔡某某通过对公司人事、财务、采购、法务部门的控制，实际控制了公司的日常经营。

即便如此，对蔡某某来说，当初的创业伙伴手中的47%的股份还是他念念不忘的一根刺，让他如鲠在喉、不吐不快。公司要想进一步的发展，必须全面控制股东会。

第三步：绝对控制，更上层楼

2010年9月，蔡某某与潘某某、投资公司签订一份《关于某餐饮管理有限公司股权转让及后续事宜之框架协议》的股权转让协议。其中，蔡某某一方将付出7 520万元购买潘某某持有蒸品店35.74%的股权（对应快餐连锁3.76%的股权），投资公司一方将以4.25亿元购买潘某某持有快餐连锁21.25%的股权。

如果上述股权能顺利交割，则创始人蔡某某及投资公司则从股份上完全控制了公司。可事情却没有这么简单，一场反转的大戏正在缓缓拉开大幕。

五、转折点

2011年3月17日，蔡某某等部分高管因涉嫌经济犯罪被广州警方带走协助调查。当年5月，经广东省公安厅证实，广州市公安机关对蔡某某等人涉嫌经济犯罪一案已开展侦查。

广州市天河区检察院指控蔡某某等人从2009—2010年涉嫌职务

侵占罪、挪用资金罪，涉案金额共计 3 068 万元，具体指控为：

（1）虚构相关合同，将公司的 500 万元转走；

（2）虚构相关合同，套取公司 720 万元现金；

（3）侵占总裁备用金 12 万元，挪用总裁备用金 36 万元；

（4）虚构厨具开发等项目支出，以预付款的方式，挪用广州、深圳分公司共 800 万元；

（5）挪用公司 1 000 万元进私人账户；

（6）抽逃投资公司的注册资本。

公诉方认为，为了筹集购买投资公司 66.6% 股权的资金，从而取得该快餐连锁控股地位，蔡某某等人进行了上述六宗犯罪行为。

六、反击

2011 年 5 月 11 日，此前一直沉默的快餐连锁公关部以公司名义发声明宣布，鉴于公司原董事长蔡某某已被依法逮捕，目前不能履行董事长职责，根据相关规定，由副董事长潘某某代为履行董事长职务，对外代表该快餐连锁企业。这样一来，前妻弟兼创业伙伴兼公司副董事借东风开始复仇，并全面掌控该快餐连锁的控制权。

与其他公司控制权争议可能涉及董事会和股东会两个层面的情况有所不同，对潘、蔡两家来说，由于公司的中外合资企业性质，公司只设立董事会，不设立股东会，董事会是企业的最高权力机构，有权决定公司的一切重大事宜。这也意味着，与其他公司控制权争议可能涉及董事会和股东会两个层面的情况有所不同，对潘、蔡两家来说，只涉及对该快餐连锁董事会这唯一层面的争夺。谁控制住董事会，谁也就控制住了企业。

该快餐连锁企业的 5 位股东分别为潘某某、蔡某某、东莞市

SZZ饮食管理有限公司，以及两家投资公司，每位股东各委派1人组成公司董事会，其中，SZZ公司委派的董事恰恰是蔡某某的前妻。根据该快餐连锁的公司章程约定，除了公司章程修订、股权变化等四类事项需要全体董事一致通过外，其他事项仅需要过半数董事通过即可。

在之前近两年的时间里，由于投资公司的"中立"，导致公司重大事项决策陷入僵局。如今，投资公司明确支持潘某某，使得潘某某一方再获得3票支持，超过半数董事席位，基本上可以满足日常经营管理的决策需要。

在快餐连锁只有董事会而没有股东会这一特定条件下，除非蔡家能获得更多的董事会席位，否则，即便蔡某某身为持股近半的股东，一时也难以撼动潘家对该企业的实际掌控力。

此外，为了赢得人心，使员工分享公司的发展成果，潘某某于2011年下半年设置了高管绩效奖，颁布了餐厅奖励计划、发展奖励计划，进一步巩固了自己对运营团队的控制力。

七、风险投资的倒戈

2007年1月，投资公司投资该快餐连锁。此外，蔡某某还引入另一家投资公司，当时两家风险投资联合向其注资3亿元。

从2007年投资该快餐连锁，到2012年底完全退出，投资公司曾经为化解蔡潘两大股东的纠纷做出巨大努力，但最后以失败告终。2009年，蔡某某与潘某某开始就快餐连锁管理问题出现分歧后，为打破僵局，2010年9月18日，投资公司与蔡某某一道，与潘某某签订股权转让三方协议，向后者洽购股份。根据协议，蔡某某一方将付出7520万元用于购买潘某某持有SZZ公司35.74%股权（对应快餐连锁公司3.76%的股权），投资公司一方将以4.25亿元购买潘某某持有快餐连锁21.25%的股权。其后更有一份股权授予协议称，投资公司将把买下的21.25%中的4.25%股份授予蔡某某。投资公司随后向潘某某支付了380万美元的预付款。

如果该交易顺利完成，快餐连锁的两大股东势均力敌之势将正式被打破。但随着2011年4月蔡某某涉嫌经济犯罪被捕，该系列股权转让宣布作废。

蔡某某被捕后，投资公司很快无心该快餐连锁内部问题。2011年11月底，投资公司将其旗下某公司100%股权全部转让给了RH有限公司，而RH公司的实际控制人为潘某某。

对于投资方来说，这样的选择无可厚非。风险投资机构的最终目的就是扶植该快餐连锁上市。一般来说，一旦家族企业的内部股东之间爆发矛盾，风险投资一般会选择能力较强的一方。

对于投资人来说，最不愿意看到的是企业股东之间出现矛盾，所以投资人在投资一家企业时一般都要求公司在股权架构上有一个实际控制人，如果股权均衡的话会让一方股东逐步稀释股份。之前投资公司支持蔡某某逐步稀释潘某某的股份，但在后来的执行中出现意外。现在投资公司退出，由支持潘某某的外方股东接手，让潘某某在董事会席位上开始占少许优势。

八、长路漫漫，后续法律雷区待解

1. 股权争议待解

该快餐连锁目前由潘某某一方控制，但最核心的股东僵局忧患并未消除。蔡家仍持有公司大量的股权，此外，快餐连锁公司章程规定的公司章程修订、股权变化等特定事项仍需全体董事一致同意。

因此，只要快餐连锁获得新的投资或者在组织架构方面发生重大变化，都会涉及股权变化和公司章程修订，除非该企业发展裹足不前，否则很难完全避开这些需要全体董事一致决议的事项。

《公司法》规定，公司重大事项的安排必须经过不少于三分之二股东同意。有限责任公司的股东会增加或者减少公司注册资本，合并、分立、解散或者变更公司形式、修改公司章程等，必须经代表三分之二以上表决权的股东通过。因此，从股权架构角度讲，只要双方股权比例相近，就会存在重大分歧无法解决的隐患。

2. 谁有权担任董事长

该快餐连锁属于中外合资性质的有限责任公司，虽然蔡某某现在失去了人身自由，但他作为大股东的权益也应该受到保护。

《中外合资经营企业法实施条例》第十四条规定，合营企业协议、合同和章程经审批机构批准后生效，其修改时同。快餐连锁作为中外合资有限责任公司，其公司章程经相关政府主管机关批准，领取营业执照并开业至今，显然其公司章程是有效的。

《中外合资经营企业法》第六条规定，合营企业设董事会，其人数组成由合营各方协商，在合同、章程中确定，并由合营各方委派和撤换。董事长和副董事长由合营各方协商确定或由董事会选举产生。中外合营者的一方担任董事长的，由他方担任副董事长。

快餐连锁公司章程约定，公司的董事长必须由蔡某某来担任，或者由蔡某某指认的代理人担任。这视为合资公司合营各方已就董事长的委派和撤换达成一致，该约定完全符合法律、行政法规的相关规定，且公司章程经过政府相关主管部门批准，公司合资各方均应遵守。

蔡某某虽因涉嫌刑事犯罪被羁押,但其完全有权利根据法律规定及公司章程约定指定其他人担任快餐连锁董事长。

九、公与私,企业家的迷思

不少民营企业在发展过程中,股东为了实现所谓资本运作的目的,往往将企业当作唐僧肉,上下其手、予取予夺,各关联企业财务状况十分混乱,个人账户与企业账户严重混同。这种情况看似运作巧妙,实际上却极其危险。小则导致公司股东之间产生利益冲突,重则导致相关人员锒铛入狱,特别是挪用资金、职务侵占两大罪名,时时套在那些自诩为资本运作高手的脖子上。前事之师,当引以为鉴。

第二节 从十八人创业走向合伙人制

一、十八人创业及其合伙人制度

某知名电商业巨头 AL 公司(以下简称 AL 电商公司)的合伙人制度发轫于西湖之畔,由最初创业的十八人逐步发展而来。公司创业团队历经各路资本的围剿,并与中国香港证券管理部门、美国证券管理部门激烈博弈后,最终成功登陆美国资本市场。

按照传统公司法的建构,将股权与控制权分开,犹如让一个大力士站在擂台上左右互搏。然而,对于如今野蛮生长的互联网公司及科技公司来说,资本只能扮演"舅舅"的角色,而不可能成为高高在上的"父亲"。

从这个意义上看,AL 电商公司的合伙人制度不仅仅是对传统公司法制度的突破,更是一次人力资本对金融资本的逆袭。它不同于美国科技公司常见的 AB 股,而是在借鉴美国咨询公司和古罗马元老院架构的基础上设立的合伙人制度。

这不禁让我们追问:AL 电商公司合伙人制度为何能成功?

我们认为,首先是行业的成功,作为一个迅猛发展的互联网企业,他有实力与资本进行博弈;其次是人力资本意识的觉醒,使大众彻底认识了人的价值,扭转了资本市场的固有逻辑。但从实际操作层面来说,AL 电商公司合伙人制度的成功离不开一个人,一个在公司内部几乎与创始人平起平坐的法律人——蔡某某。

据记载,AL 电商公司合伙人制度的 1.0 版是这样诞生的:在湖畔花园炎热的夏夜,蔡某某挥着汗水对着白板和第一批员工讲股份讲权益,将十八份完全符合国际惯例的英文合同,让创始人为首的十八人签字画押。如果没有蔡某某,该公司会是一个家族企业,会一直以"感情""理想"和"义气"去维持团队。蔡某某到来以后,以正式合同的形式,将最初十八人的团队利益绑到了一起。

但随着 AL 电商公司在美上市日期的临近,公司的控制权面临着资本市场更大的压力。据上市招股说明书显示,投资公司 RY 公司持有该公司 34.4% 的股份,为最大股东;投资公司 YH 公司持股 22.6%,为第二大股东;该公司创始人马某持股 8.9%,为最大的个人股东,联合创始人蔡某某持股 3.6%,二人持股合计为 12.5%。

在此股权结构下,既要实现创始人对公司的控制,又要获得资本市场与投资人的认可,AL 电商公司合伙人制度的升级 2.0 版应运而生。其具体制度及设置如下。

1. 合伙人制度中的领导核心及委员会设置

其制度逻辑在于:创始人团队选拔合伙人,合伙人决定董事会成员，董事会决定执行管理层，执行管理层进行日常管理。

该架构的核心是以 AL 电商公司创始人马某和蔡某某为首的"马蔡体制"，其控制力的传导机制是马蔡－5 人合伙人委员会－28 位公司合伙人－董事会－股东大会，这是一个非常清晰的公司治理结构，同时带有一定的中国特色。例如，合伙人委员会是公司合伙人架构中最核心的部门，把握着合伙人的审核及选举事宜，类似于各类委员会的常务委员会。

2. 招安大股东，各取所需，进一步巩固合伙人控制权

在资合性为主要特征的美国上市公众公司中，董事会具有十分显著的作用，它作为公司具体经营运作的决策中心和管控者，决定着公司的发展路径和总体规划，而以总经理、CEO、CFO、CTO 为首的高级管理层则对董事会负责，向董事会报告工作。因此，在以董事会为中心的公司治理模式下，控制董事会即意味着控制了公司。控制董事会最主要的方式是取得董事的提名权和任命权，安排自己的代言人进入董事会以管控公司。

根据 AL 电商公司的招股说明书，其董事会共 9 名成员，合伙人有权提名简单多数（即 5 人），RY 公司有权提名 1 名董事，其余的 3 名董事由董事会提名委员会提名，前述提名董事将在股东大会上由简单多数选举产生。

对于大股东 RY 公司、二股东 YH 公司而言，它们谋求的是财务上的获益，即公司上市后寻找时机实现获利退出，并不过分谋求实际上的控制权。在确保两大股东利益的前提下，两家大股东完全可以让渡出部分股东权益。

为确保合伙人能够基本控制股东大会的投票结果。大股东 RY

公司承诺在股东大会上投票支持公司合伙人提名的董事当选，未经公司创始人及蔡某某同意，RY公司不会投票反对合伙人的董事提名；同时RY公司将其持有的不低于公司30％的普通股投票权置于投票信托管理之下，并受公司创始人和蔡某某支配。二股东YH公司也将动用其投票权支持公司合伙人和RY公司提名的董事当选。

3. 以章程治天下，构筑坚固的护城墙

AL电商公司合伙人制度颠覆了一般公司法理论，为保证该制度的长期稳定执行，必须通过公司内部的"宪法"——公司章程的方式将该制度固定下来。对此，AL电商公司采取的措施是将创始人及管理层与大股东间达成的关于董事提名和任命的方案写入公司章程，且协议中提名权的修改和公司章程中相关条款的修订应分别经多数董事的批准和股东大会绝对多数票通过（95％以上），这样就通过公司章程的形式直接对公司合伙人赋权。

二、合伙人制度的意义

1. 选择合伙人制度的价值观意义

AL电商公司创始人设置合伙人制度的启发来源于古罗马帝国的元老院治理模式。罗马元老院是一个审议团体，是公众事务的引导者、辩护者和捍卫者，守护国家的价值观和文化。直到凯撒崛起前，罗马元老院保证了古罗马的共和体制。

在当代商业社会，合伙人制度原型是两家金融商事企业——投行高盛和咨询公司麦肯锡，这两家企业均采取合伙人的治理架构。AL电商公司创始人认为这一制度保证了高盛和麦肯锡稳定快速的发展和独立自主的文化，将管理层分为三个梯度以推进公司运作：新进人员负责具体执行，中层负责战略管理，创始人主要关注人才

选拔和企业发展方向。

根据该梯度设计及对应职责，必须存在一种机制以确保创始人和管理层被赋予相应的公司控制力，这就是AL电商公司合伙人制度的灵感和动因。

为解释这一目的，AL电商公司创始人于2013年9月10日发出了一封致全体员工的公开信，信中称合伙人制度的目的在于通过公司运营实现使命传承，以使公司从一个有组织的商业公司变成一个有生态思想的社会企业，而控制这家公司的人，必须是坚守和传承公司使命文化的合伙人。

AL电商公司创始人的野心是设立一家能超越创始人，存活101年的伟大公司。欲实现上述目标，一个伟大的组织和使命、文化的传承是重中之重。合伙人选任制度本身也反映了公司有意识地贯彻着以合伙人治理为核心的统一且发展的企业文化，主要有以下特点。

（1）合伙人每年选举制度

这一制度既填补了因现任合伙人转股或离职等原因可能造成的职务空缺，又为推动公司及时变革、业务拓展和长期发展提供了人事更新的基础和渠道。

（2）合伙人人数不设上限

这使得合伙人机构的扩张能力与公司发展同步，打通重要员工的上升通道，激发管理层的工作热情。

（3）绝对多数通过制度

候选人经过在任合伙人推荐、合伙人委员会审核及75%的合伙人投赞成票后方可就任。新合伙人的选任程序协调了部分合伙人与整个合伙人团队可能产生的矛盾冲突，在任合伙人的推荐可以使发现人才不局限于某几位合伙人的视野，确保未来发展的新鲜血液来自公司的各方各面；合伙人委员会的审核不仅反映了对合伙人资格的要求，而且通过对弹性标准的判断也体现了核心合伙人对候选人的认知及价值倾向，确保新任合伙人与核心合伙人利益的一致性；绝对多数通过制度可以避免因新合伙人的加入所引起的合伙人内部矛盾纠纷，稳定并巩固了合伙人之间的信任及协作。

（4）合伙人选举时一人一票的投票制度

选举权不与股份等因素挂钩，反映了合伙人之间的平等性，使得 AL 电商公司合伙人制度更具人和性的特征。

（5）任职期间的持股和限制转股数额的要求

可以实现合伙人利益与公司利益的绑定，以减少合伙人的道德风险和代理成本。

2. 选择合伙人制度的控制权意义

AL 电商公司采取的合伙人方案，和中国境内或开曼群岛的合伙企业法中的合伙制完全不是一个概念，而是在章程中设置的有关提名董事人选的特殊条款。即由一批被称作"合伙人"的人提名董事会中的大多数董事人选，而不是按照持有股份比例分配董事提名权。

单从股份分布比例上看，AL 电商公司创始人及管理层所持股份合计不超过 13.5%，远不及 YH 公司所持有的股份数额，更不能与 RY 公司相提并论，仅凭借持股比例难以对公司继续实施控制，因此通过公司架构设计以获取超过其股份比例的控制权至关重要。

对于在美国上市的股份有限公司来说，董事会具有十分重要的地位，董事会作为公司具体经营运作的决策中心和管控者，决定着公司的发展路径和总体规划，而以 CEO、总经理等为首的高级管理层则对董事会负责，向董事会报告工作。因此，董事会作为公司治理的重要部门，直接控制着公司本身。而股东则依赖于行使投票权、知情权等权利或采取"用脚投票"的方式改变或影响董事会，借以实现间接控制公司的效果。

在以董事会为中心的公司治理模式下，控制董事会即意味着控制了公司。控制董事会最主要的方式是取得董事的提名权和任命权，安排自己的代言人进入董事会以管控公司。为此，AL 电商公司合伙人制度确立了如下两层安排：

首先，制度规定公司合伙人享有董事会半数以上董事的提名权，且在被否决的情况下可以重新提名己方董事，从而确保了其能够控制多数新任董事候选人，构成了限制其他股东权利的第一道屏障。

其次，一旦创始人和管理层与其他股东（特别是大股东）的矛盾加剧，其他股东可能反复动用其投票权在股东大会上否决合伙人提名的董事。在这种情况下，制度赋予合伙人任命临时董事的权力，即无论股东是否同意，合伙人提名的董事都将进入董事会以保证其超过半数的控制权。通过这一制度设计，股东的否决权实际已被架空，股东大会董事选举的意义实质上仅是安排股东代表作为少数董事参与董事会运作，合伙人成功地通过控制董事会的方式取得了公司控制权。

然而，不少人质疑这样的制度安排违背了同股同权和资本多数决的原则，因为按照一般公司法理论，狭义的公司治理目标是实现股东财富最大化，董事的提名权理论上属于每个股东，而董事的选任无论是直线投票制还是累积投票制，其实质都是股东资本多数决的结果。

显然，AL电商公司合伙人制度所保障的仅是小股东——公司创始人及管理层的权益，违背了上述原则。既然该合伙人制度颠覆了一般公司法理论，为了使制度得以长期稳定地执行，必须通过某种方式将该制度固定下来。对此，AL电商公司采取的措施是将创始人及管理层与大股东间达成的关于董事提名和任命的方案写入公司章程，且协议中提名权的修改和公司章程中相关条款的修订应分别经多数董事的批准和股东大会绝对多数票通过（95%以上），通过公司章程的形式直接对公司合伙人赋权。

这一措施的另一好处是，无论今后其他股东及其持股比例如何变动，只要公司合伙人持有最低比例的公司股份，合伙人的权利就不会旁落。

三、合伙人制度的具体安排

根据2014年5月AL电商公司向美国证监会递交的招股说明书，除公司创始人和蔡某某为永久合伙人外，其余合伙人的地位与其是否任职有关，一旦离职则退出合伙人关系。根据该公司的招股说明书、公司章程及其他公开资料，该公司合伙人制度的主要规定如下。

（一）主要规定

1. 合伙人的资格要求

（1）合伙人必须在公司服务满5年。

（2）合伙人必须持有公司股份，且有限售要求。

（3）候选人由在任合伙人向合伙人委员会提名推荐，并由合伙人委员会审核其是否能参加选举。

（4）在一人一票的基础上，超过75％的合伙人投票同意其加入，该候选人即可成为合伙人，合伙人的选举和罢免无须经过股东大会审议或通过。

此外，成为合伙人还要符合两个弹性标准：对公司发展有积极贡献，以及高度认同公司文化，愿意为公司使命、愿景和价值观竭尽全力。

2. 合伙人的提名权和任命权

（1）合伙人拥有提名董事的权利。

（2）合伙人提名的董事占董事会人数一半以上，因任何原因董事会成员中由合伙人提名或任命的董事不足半数时，合伙人有权任命额外的董事以确保其对半数以上董事的控制权。

（3）如果股东不同意选举合伙人提名的董事的，合伙人可以任命新的临时董事，直至下一年度股东大会；下一年度股东大会上，临时董事享有并可行使原董事的选举权。

（4）无论董事因任何原因离职，合伙人都有权任命临时董事以填补空缺，直至下一年度股东大会。

合伙人的提名权和任命权可视作公司创始人及管理层与大股东协商的结果，通过这一机制，公司合伙人拥有了超越其他股东的董事提名权和任免权，控制了董事人选，进而决定了公司的经营运作。

3. 合伙人的奖金分配权

AL电商公司每年会向包括公司合伙人在内的公司管理层发放

奖金，公司在招股说明书中强调，该奖金属于税前列支事项。这意味着合伙人的奖金分配权将区别于股东的分红权，因为股东分红来源于税后利润，而合伙人的奖金将作为管理费用处理。

4. 合伙人委员会的构成和职权

AL 电商公司合伙人委员会共 5 名委员，分别为该公司创始人、蔡某某、陆某、彭某、曾某，主要负责以下事项：

（1）审核新合伙人的提名并安排其选举事宜；

（2）推荐并提名董事人选；

（3）将薪酬委员会分配给合伙人的年度现金红利分配给非执行事务的合伙人。

委员会委员实施差额选举，任期 3 年，可连选连任。合伙人委员会是该公司合伙人架构中最核心的部门，把握着合伙人的审核及选举事宜。

（二）确保合伙人制度长期稳定的规则

为确保合伙人制度的长期性和稳定性，AL 电商公司还制定了以下规则和安排。

1. 从规则上增加合伙人制度变更的难度

合伙人制度变更需通过董事批准和股东表决两重安排。

从董事层面看，任何对于合伙协议中关于合伙人关系的宗旨及合伙人董事提名权的修订必须经过多数董事的批准，且这些董事应为纽交所公司管理规则 303A 中规定的独立董事，而对于合伙协议中有关提名董事程序的修改则须取得独立董事的一致同意。

从股东层面看，根据上市后修订的公司章程，修改公司合伙人的提名权和公司章程中的相关条款，必须获得出席股东大会的股东所持表决票数 95％以上同意方可通过。

2. 与大股东协议巩固合伙人控制权

AL 电商公司合伙人与投资方 RY 公司、YH 公司达成了一整套协议以进一步巩固合伙人对公司的控制权。根据公司的招股说明书，上市公司董事会共 9 名成员，合伙人有权提名简单多数（即 5 人），RY 公司持有该电商公司 15％及以上的股份，有权提名 1 名董事，其余的 3 名董事由董事会提名委员会提名，前述提名董事将在股东大会上由简单多数选举产生。根据前述表决权协议，该公司合伙人、RY 公司和 YH 公司将在股东大会上以投票互相支持的方式，确保合伙人不仅能够控制董事会，而且能够基本控制股东大会的投票结果。协议约定如下：

（1）RY 公司承诺在股东大会上投票支持公司合伙人提名的董事当选，未经公司创始人及蔡某某同意，RY 公司不会投票反对合伙人的董事提名。

（2）RY 公司将其持有的不低于 AL 电商公司 30％的普通股投票权置于投票信托管理之下，并受该公司创始人和蔡某某支配。鉴于 RY 公司有一名董事的提名权，因此 AL 电商公司创始人和蔡某某将在股东大会上用其所拥有和支配的投票权支持 PY 公司提名的董事当选。

（3）YH 公司将动用其投票权支持 AL 电商公司合伙人和 RY 公司提名的董事当选。

3. 电商公司赴美上市的制度分析

AL 电商公司合伙人制度迥异于双层股权结构和同股同权制度，该制度直接挑战了股东平等原则和对中小投资者的保障机制。因此在选择上市地时，公司同样面临着选择难题。其第一选择地是中国香港，并为此与香港证券监管部门进行了多轮沟通，无果后，最终选择了在美国上市。

美国资本市场由于历史原因和公司治理理念的不同，允许存在各种特殊的股权结构。主要体现在以下几个方面：

一是美国具有允许 AL 电商公司上市的环境基础。美国国内的证券交易所允许特殊股权架构的存在。在美国，主要的交易所有纳斯达克交易所、纽约证券交易所和美国证券交易所等，各个交易所之间是竞争性的。在证券交易的初期，三大证券交易所均允许双层或其他类型的股权上市发行和交易，但 20 世纪 70 年代，纽约证券交易所为回应对双层股权结构等股份的批评，曾经禁止类似股份交易。但其余两家交易所仍然向包括 AL 电商公司合伙人制度在内的特殊的股权架构的公司开放。随后，纽约证券交易所在 1988 年通过 19C－4 号规则，重新允许特殊股权结构的公司申请股份发行上市。

因此，美国具有适合 AL 电商公司上市的外部法制环境。

二是美国允许 AL 电商公司上市的投资者保障机制。充分的信息披露与发达的集团诉讼是美国资本市场的特征。在实行证券发行注册制的情况下，监管者只对申请人提交的文件进行形式审查，对于其他信息，包括发行价等由投资者根据发行人公布的资料决定。因此，信息披露的真实、准确、完整是保障投资者权益的前提，也是资本市场运行的必然要求。但这还不足以防止发行公司的违规行为，为此，美国证券监管机构赋予投资者提起集团诉讼的权利。若发行上市的公司存在欺诈行为，则受损害的投资者可以提起惩罚性赔偿诉讼。

因此，美国资本市场虽然对上市公司的治理架构相对宽松，但为平衡投资者与发行人之间的利益，其设计的信息披露规则和集团诉讼机制能够有效抑制公司的违规行为，从而保障中小投资者的利益。

四、合伙人制度的适用性分析

鉴于 AL 电商公司及其创始人在中国企业界的地位，一时间，创业的小伙伴言必谈合伙人，大有"蔚然成风"之势。但本案例中的合伙人制度并非中国合伙企业法意义上的合伙人，同时其作为在海外注册的离岸公司，又是在美国上市，因此还受美国法律的监管，其面临的法律环境与广大的创业者不同。若死搬硬套其做法，出现"橘生淮北则为枳"的情况乃是大概率事件。

按照我国资本市场目前的法律法规，对于一般的上市股份公司股票而言，同股同权原则为最基本的制度安排（优先股及限售期内的股份除外）。在股份有限公司形态下，法律并未留给创始人和投资人太多自治的空间，除通过协议进行约定外，在股份已被充分稀释的情况下，创始人难以利用如 AL 电商公司的合伙人制度控制过半数的董事提名、选举和更换。

值得一提的是，科技型企业可在科创板上市，并按照上述证券交易所的规定设置特殊股权架构，以保证创始人的控制权。

而对于广大的未上市企业而言，一般采用的是有限责任公司的形式。从董事的提名权和选举程序看，《公司法》未对有限责任公司的董事提名权做出规定，因此通常由公司章程直接规范。如果公司章程未作详细的约定，一般情况下是大股东和实际控制人提名董事人选，并通过股东会的多数表决保证其提名的董事顺利当选。如果公司内部不存在民主的股东协商机制，则小股东基本上不可能占有董事会的任何名额。

事实上在公司融资行为中，创始人和投资人通常都会在投资意向书和融资协议中明确董事会席位和利润分配问题，财务投资人一般不会过多介入公司运营，而 AL 电商公司合伙人制度似乎又为创始人股东的公司控制权增加了一层保障。

对于投资人而言，控制一个失去创始人的公司大部分情况下是没有任何意义的，无论是否决权、董事任命、对赌协议都是其不安全感的体现，很大程度上是聊胜于无的心理安慰罢了。对于绝大多数公司的创始人来说，创立一个公司则掺杂了更多的感情因素。

因此，如何通过二者的有效沟通，通过公司章程与协议实现二者的诉求，这是一个广大创业者不得不思考的话题。

第三节　以 1% 的股权比例控制公司

一、虚拟股权激励制度的演进史

1. 股权众筹阶段

1987 年，在我国改革开放窗口城市深圳成立的 HW 电信业公司（以下简称 HW 电信公司）是由创始人与五位合伙人共同投资成立的，注册资本仅 2 万元。当时，六位股东均分股份。

1990 年，该公司员工开始以每股 1 元的价格购入公司股票。当时每个持股员工手中都有公司所发的股权证书，并盖有该公司资金计划部的红色印章。在早期公司还不能上市、获取银行融资较为困难的时期，该公司依靠这种内部融资的方式渡过了难关。

1997 年，HW 电信公司的注册资本增加到 7 005 万元，增量全部来自员工股份。同时，公司股权架构进行了改革，通过新成立的技术公司（子公司）、子公司工会以及母公司工会分别持有公司的5.05%、33.09%和61.86%的股份。同时，公司股东会议决定，两家公司员工所持的股份分别由两家公司工会集中托管，并代行股东表决权。

2. 虚拟股阶段

1998年，HW电信公司高层赴美考察期权激励和员工持股制度，一种名为虚拟股权激励制度进入其视野。虚拟股的体系明确了持股人没有所有权和表决权，且这种股票不必经过证券行业监督管理部门烦琐的审批程序，也避免了公开市场所带来的股价波动的影响。

2000年，公司董事会决定，将该旗下新技术公司工会持有的11.85%的股权并入公司工会，公司创始人独立股东的地位第一次得到确认。

2001年7月，公司股东会通过了股票期权计划，推出了公司虚拟股票期权计划暂行管理办法。

3. 自我革命的饱和配股与奖励期权及计划阶段：增加劳动者的收入，减少虚拟股权的分红

随着时间的推移，HW电信公司的老员工们躺在股票收益上混日子的现象越来越严重，原来拉车的人变成了坐车的人。试想，工资和奖金就只是"零花钱"，而虚拟股收益足够可观，艰苦奋斗的精神会受到极大的侵蚀。虚拟股的激励机制导致内部分配严重不公，这也背离了该公司"以奋斗者为本，长期坚持艰苦奋斗"的核心价值观。

2008年，HW电信公司引入饱和配股制，规定各级别员工购股的上限，员工持股达到上限不再参与新的配股。这样做的目的是避免员工获得过多的投资回报，能使工资收入和投资回报之间的比例达到一定的平衡，这有利于"以奋斗者为本"核心理念企业文化的形成。

2013年，HW电信公司以总裁办电子邮件发文《正确的价值观和干部队伍引领公司走向长久成功》，倡导实施奖励期权计划，提高劳动者、奋斗者的奖金收入，减少虚拟股权的分红收入。

HW电信公司的5年奖励期权计划，采取的是"递延递增"的方式。这一制度安排，比较好地解决了工作5年员工的去留问题。按一般规律，员工入职的1～2年属于投入期，之后才逐步有产出、对企业有贡献，这个时间点如果优秀员工选择离开，对企业来说无疑是损失。该公司采取的5年制奖励期权计划模式以及"递延递增"的分配方案，恰好可以对冲这种风险，当员工工作满2～3年，因离开的机会成本过大，而会考虑选择留下来。工作5年之后，不符合公司价值观的员工会离开（主动或被动），而给予真正"奋斗者"获得可观的虚拟股的机会，人才问题就可以得到较好的解决。

虽然有诸多好处，但弊端也很明显，最大的问题就是，该计划5年一周期，与企业长期发展的捆绑力度不足，并不适用于少数核心层，特别是保持长期使命感的高层。因此，奖励期权计划不可能成为公司唯一的长期激励模式，它与现行虚拟股正好可以相互配合，解决短期与长期、多数与少数的问题。

HW电信公司的这次实践用心良苦，为中国企业激励机制的改革再一次提供了先行范例。

二、律师解读：以1%的股权比例控制公司，创始人凭什么能够跳出公司法常规模式

毫无疑问，任何一家企业的成功都是其管理哲学的成功。就HW电信公司而言，公司创始人首创并长期付诸实践的管理哲学——灰度哲学，有别于非黑即白的常规模式，独具特色。

按照这种理论，灰度既不是黑，也不是白；既不是对，也不是错；既不是好，也不是坏，是一种融合体，不走极端。在变革中，任何黑的、白的观点都是容易鼓动人心的，但公司需要的是灰色的观点，在黑白之间寻求平衡。

HW电信公司创始人的上述哲学体现在其与众不同的股权架构上。在公司倡导奖励期权计划的第二年，即2014年，在公司的股权架构中，公司创始人直接持股仅占约1%，其余约99%的股票由8万多名员工通过公司工会委员会持有（见表2-1数据，具体比例有浮动）。那么，他是如何控制公司的呢？

表2-1　　　　　　HW电信公司持股比例

序号	股东名称	出资额（万元）	股权比例
1	公司工会委员会	1 195 921	98.93%
2	电信公司创始人	12 942	1.07%
	合计	1 208 863	100%

可以看出，HW电信公司有两名股东，分别是该公司投资控股有限公司工会委员会（以下简称"工会"）和公司创始人。

根据HW电信公司2014年实施奖励期权计划时的公开资料显示，股东会是公司的最高权力机构，工会作为公司股东参与对公司重大事项的决策，并由持股员工代表会审议并通过。公司通过工会

实行员工持股计划,员工持股计划参与人数 8 万多人,参与人均为公司员工。

如此多的员工持股,同时该公司创始人本人持股比例又仅为 1% 左右,那么公司创始人是如何控制公司的呢?在搞清楚这个事情之前,我们需要对该公司的股权进行如下分析。

1. HW 电信公司属于有限责任公司,而非股份有限公司

从公司规模上看,HW 电信公司 2021 年总销售收入达到 6 368 亿元人民币,但从公司形式上看,该公司的投资控股有限公司、技术有限公司都属于地地道道的有限责任公司,而不是大公司普遍采用的股份有限公司形式。

二者的区别之一就是灵活性的不同。如果是股份有限公司,关于股东的相关规定必须严格遵循《公司法》,同股同权,完全以股份数量为评判标准。《公司法》第一百零三条规定,股东出席股东大会会议,所持每一股份有一表决权。第一百二十六条规定,同种类的每一股份应当具有同等权利。因此,我国的公司法对股份有限公司的要求是同股同权。有限责任公司关于股权的设置则更为灵活,《公司法》第四十二条规定,股东会会议由股东按照出资比例行使表决权;但是,公司章程另有规定的除外。这就意味着,公司股东可以根据公司的情况设定公司的表决权行使方式,甚至可达到小股东一票否决的效果。

2. 灰色地带的神秘:公司工会章程

HW 电信公司的工会是该公司的绝对大股东,单从股权比例上讲,其对公司有绝对的控股权。

这多少显得有点儿另类。根据《工会法》总则第二条规定,工会是中国共产党领导的职工自愿结合的工人阶级群众组织，因此由其作为公司的股东存在法律上的争议，其股东身份与工会的设立和活动宗旨不一致，可能会对工会正常活动产生不利影响。同时根据国务院《社会团体登记管理条例》和民政部办公厅 2000 年 7 月 6 日印发的《关于暂停对企业内部职工持股会进行社团法人登记的函》的精神，职工持股会属于单位内部团体，不再由民政部门登记管理。

但 HW 电信公司的工会是在前述特殊历史背景下产生的，属于历史遗留问题，目前的存在并不违法。由于其工会章程无须对工商行政管理部门备案，因此该公司工会如何运作、如何以大股东身份行使权力，从来都未有人得一窥庐山真面目。

事实上，在 2001 年之后，除了公司最为核心的高级管理层（至少是董事会成员甚至以上），几乎没有其他人见过 HW 电信公司的工会章程。但该公司的全员股权和期权激励，正是通过公司工会持股实现的。

3. 员工是公司股东吗？

HW 电信公司号称全员持股，但员工所持股份与我们通常理解的股东持股含义不同。自 HW 电信公司的股票诞生起，员工手中的股票与法律定义的股票就不相同，员工不是股东，公司工会才是股东，员工享有的只是某种意义上的合同利益或者权益，而非股权。以上认定有法院判决为证。

2003 年，一份广东省高等法院的判决，确定了 HW 电信公司员工持有的股票，仅仅属于"虚拟股"，即该股份在法律意义上和公司所有权毫无关联。广东省高院认为：HW 电信公司员工的股份没有进行工商登记，按照规定，股份有限公司的登记只限于发起股东，非发起股东不需要登记，因此当时除副总裁外，其余员工股东全部未在工商行政管理部门进行记名登记。所以关键的证据是该公司与员工之间的合同，公司工会的持股数只能作为参考，原告的主张"没有契约依据和法律依据"。

该案的认定意味着，虚拟股是公司工会授予员工的一种特殊股票。拥有虚拟股的员工，可以获得一定比例的分红，以及虚拟股对应的公司净资产增值，但没有所有权、表决权，也不能转让和出售。在员工离开企业时，股票只能由公司工会回购。

因此，员工与HW电信公司之间只是合同关系，而非股东与公司的关系。而能够决定公司归属的，仍然在于公司创始人持有的自然人股份，以及公司工会所持有的近99%的法人股股权。

4. 管窥创始人控制公司的具体途径及方式

（1）股东会层面

HW电信公司的公司章程明确规定：公司最高权力机构为股东会，由公司工会和创始人两名股东组成，并具体写明关于召集股东会议的方式与步骤。

公司工会作为股东参与对公司重大事项的决策，并由持股员工代表会审议并通过。持股员工代表会由全体持股员工代表组成，代表全体持股员工行使有关权利。

持股员工代表和候补持股员工代表由在职持股员工选举产生，任期5年。持股员工代表缺位时，由候补持股员工代表依次递补。但事实上，在虚拟股制度下，持股员工的权利仅限于分红和股价增值收益，不涉及产权，掌握实际权力的是公司的控股股东会。

通过查阅相关材料发现，在涉及该公司控股增资扩股、分红和人事任免等问题时，其股东会议历次只有两人参加——该公司创始人和公司副总孙某某。因此，他们俩才是 HW 电信公司真正的控股股东代表。

（2）董事会和管理层层面

根据《公司法》规定，董事和监事由股东会选举和更换。HW 电信公司目前的情况是：公司工会的成员每 5 年投票选出 51 位代表，由这些代表选出 17 位董事和 9 位监事。工商登记资料显示，董事长为孙某某，公司创始人等 4 人为副董事长。

《公司法》还规定，由董事会聘任经理。工商登记资料显示，HW 电信公司旗下的两家公司的总经理都是公司创始人，而公司内部实行轮值总裁制，由轮值总裁负责公司日常管理。

（3）神秘的一票否决权

根据 HW 电信公司的公开资料可知，该公司创始人对于公司重大决策仍保有一票否决权。但具体体现在股东会层面的一票否决，还是董事会层面的一票否决，抑或是上述全部都拥有一票否决权，目前仍未见到有公开的资料进行佐证。

（4）公司创始人对公司的控制方式大猜想

1）在公司工会层面进行控制。HW 电信公司创始人本人也是公司工会委员会的一员，其有权行使相应的选举权和被选举权。鉴于目前公司工会的章程是严格保密的，我们无从得知具体内容。但公司工会有可能通过章程给予创始人相应的授权或者特殊的权利，目前来看，这不违反法律的禁止性规定。

2）在旗下的投资控股公司层面进行控制。鉴于公司旗下的投资控股有限公司（子公司）100%控股技术有限公司（孙公司），因此，控制了子公司，就完全控制了孙公司。

虽然在子公司层面，公司创始人个人只是持股1%的小股东，但由于子公司属于有限责任公司，投票权与分红权都可以通过章程另行约定，从而达到一票否决权的最终效果。在具体操作中，可以采取以下办法：首先，公司创始人可以在股东会的职权范围内创设一票否决权，控制股东会的重大事项；其次，公司创始人可以在董事会的职权范围内创设一票否决权，从而控制董事会的重大决议。

3) 在技术公司层面进行控制。由于技术公司属于投资控股有限公司（子公司）的全资子公司（孙公司），因此，子公司的意志能直接体现在孙公司上。从实际运营过程来看，二者的董事、监事、高管都是基本重合的，比如总经理皆为公司创始人、董事长皆为孙某某、四位副董事长也完全重合。从董事会层面来讲，公司创始人也可以在孙公司董事会的职权范围内创设一票否决权，从而控制董事会的重大决议。

三、特殊虚拟股权激励方式的通用性分析

HW电信公司的虚拟股权激励方式具有特殊性，是基于历史形成的，很难全盘照搬。

1. 地方政策的支持，是特殊持股会出现的基础

深圳作为我国改革的前沿城市之一，对推动企业制度改革作了很大的创新探索。当内地企业还在好奇员工持股为何物的时候，深圳在1994年就出台了《国有企业内部员工持股试点暂行规定》。并且明确允许以持股会的方式，让员工参与企业持股。地方政府的支持，使HW电信公司的工会持股成为可能，并一直保持至今。

而现在的工商登记注册，持股会或者工会等社团作为股东已经受到了限制。如果企业想建立员工持股平台，一般只能采用有限合伙或者有限公司的方式，而无论采用哪种方式，都存在税负的问题，建议选择在税收洼地进行。

2. 银行的贷款支持，是公司员工持股资金的来源

HW 电信公司全员持股中还有个特殊的地方，就是公司员工的资金来源为商业银行贷款。商业银行之所有愿意给该公司员工贷款，无疑是看中了该企业的优良商业信用，并看好其远期发展前景，也是一种寻求与该企业长期合作的方式。而这，只有一个基本核心，就是该企业本身对商业资本的吸引力。

目前大部分公司的股权激励，一般来自员工的自筹资金，特别是对于初创企业，本身贷款融资困难，而企业员工待遇也较低，自筹资金同样困难。因此，通过贷款方式筹资来完成出资，几乎是不可能的。

不过，我们也注意到在某些鼓励创业的地方开发区，政府会出台政策，鼓励地方商业银行给科技型企业员工提供低息或者无息贷款，比如武汉东湖高新区就有类似规定。

3. 公司的高速发展，是全员持股计划推行的持续动力

HW 电信公司员工之所以愿意购买公司虚拟股，其原因就是公司这十几年来的高速发展，虚拟股增值巨大。2000 年投资的该公司股票，10 年之后，所持股票价值增长超过 15 倍。在房地产、股市投资形势不明朗的情况下，HW 电信公司的内部股票是公司员工最可靠、稳定的投资渠道。

而现有企业，特别是创业企业，由于经营的不确定性，企业往往存在生存困境。在此情况下，想持续推行员工持股计划，并且还是虚拟的没有明示登记的股权，对员工来说赠送是可以接受的，付出成本的则很难接受。

综上，我们认为，企业可以通过设立员工持股平台，然后通过有限合伙人代持的方式，来推行员工虚拟股权激励计划。但如果企业没有核心的技术和持续竞争力，可能只有创始人才愿意将真金白银掏出来。所以，最终能否做成像 HW 电信公司这样的模式，关键是创始合伙人的意愿、能力和决心。此外，股权激励的最终目的，是激发员工的动力而不是通过员工来融资，不可以本末倒置。

附录：HW 电信公司基本法（摘录部分）

一、核心价值观

（追求）

【第一条】公司的追求是在电子信息领域实现顾客的梦想，并依靠点点滴滴、锲而不舍的艰苦追求，使我们成为世界级领先企业。

为了使公司成为世界一流的设备供应商，我们将永不进入信息服务业。通过无依赖的市场压力传递，使内部机制永远处于激活状态。

（员工）

【第二条】认真负责和管理有效的员工是公司最大的财富。尊重知识、尊重个性、集体奋斗和不迁就有功的员工，是我们事业可持续成长的内在要求。

（技术）

【第三条】广泛吸收世界电子信息领域的最新研究成果，虚心向国内外优秀企业学习,在独立自主的基础上,开放合作地发展领先的核心技术体系,用我们卓越的产品自立于世界通信列强之林。

(精神)

【第四条】爱祖国、爱人民、爱事业和爱生活是我们凝聚力的源泉。责任意识、创新精神、敬业精神与团结合作精神是我们企业文化的精髓。实事求是是我们行为的准则。

(利益)

【第五条】公司主张在顾客、员工与合作者之间结成利益共同体。努力探索按生产要素分配的内部动力机制。我们决不让雷锋吃亏,奉献者定当得到合理的回报。

(文化)

【第六条】资源是会枯竭的,唯有文化才会生生不息。一切工业产品都是人类智慧创造的。公司没有可以依存的自然资源,唯有在人的头脑中挖掘出大油田、大森林、大煤矿。精神是可以转化成物质的,物质文明有利于巩固精神文明。我们坚持以精神文明促进物质文明的方针。

这里的文化,不仅仅包含知识、技术、管理、情操等,也包含了一切促进生产力发展的无形因素。

(社会责任)

【第七条】公司以产业报国和科教兴国为己任,以公司的发展为所在社区作出贡献。为伟大祖国的繁荣昌盛,为中华民族的振兴,为自己和家人的幸福而不懈努力。

二、基本目标

(质量)

【第八条】我们的目标是以优异的产品、可靠的质量、优越的终生效能费用比和有效的服务，满足顾客日益增长的需要。

质量是我们的自尊心。

（人力资本）

【第九条】我们强调人力资本不断增值的目标优先于财务资本增值的目标。

（核心技术）

【第十条】我们的目标是发展拥有自主知识产权的世界领先的电子和信息技术支撑体系。

（利润）

【第十一条】我们将按照我们的事业可持续成长的要求，设立每个时期的合理的利润率和利润目标，而不单纯追求利润的最大化。

三、公司的成长

（成长领域）

【第十二条】我们进入新的成长领域，应当有利于提升公司的核心技术水平，有利于发挥公司资源的综合优势，有利于带动公司的整体扩张。顺应技术发展的大趋势，顺应市场变化的大趋势，顺应社会发展的大趋势，就能使我们避免大的风险。

只有当我们看准了时机和有了新的构想，确信能够在该领域中对顾客做出与众不同的贡献时，才进入市场广阔的相关新领域。

（成长的牵引）

【第十三条】机会、人才、技术和产品是公司成长的主要牵引力。这四种力量之间存在着相互作用。机会牵引人才，人才牵引技术，技术牵引产品，产品牵引更多更大的机会。加大这四种力量的牵引力度，促进它们之间的良性循环，就会加快公司的成长。

（成长速度）

【第十四条】我们追求在一定利润率水平上的成长的最大化。我们必须达到和保持高于行业平均的增长速度和行业中主要竞争对手的增长速度，以增强公司的活力，吸引最优秀的人才，和实现公司各种经营资源的最佳配置。在电子信息产业中，要么成为领先者，要么被淘汰，没有第三条路可走。

（成长管理）

【第十五条】我们不单纯追求规模上的扩展，而是要使自己变得更优秀。因此，高层领导必须警惕长期高速增长有可能给公司组织造成的脆弱和隐藏的缺点，必须对成长进行有效的管理。在促进公司迅速成为一个大规模企业的同时，必须以更大的管理努力，促使公司更加灵活和更为有效。始终保持造势与做实的协调发展。

四、价值的分配

（价值创造）

【第十六条】我们认为，劳动、知识、企业家和资本创造了公司的全部价值。

（知识资本化）

【第十七条】我们是用转化为资本这种形式，使劳动、知识以及企业家的管理和风险的累积贡献得到体现和报偿；利用股权的安排，形成公司的中坚力量和保持对公司的有效控制，使公司可持续成长。知识资本化与适应技术和社会变化的有活力的产权制度，是我们不断探索的方向。

我们实行员工持股制度。一方面，普惠认同公司的模范员工，结成公司与员工的利益与命运共同体。另一方面，将不断地使最有责任心与才能的人进入公司的中坚层。

（价值分配形式）

【第十八条】公司可分配的价值，主要为组织权力和经济利益；其分配形式是：机会、职权、工资、奖金、安全退休金、医疗保障、股权、红利，以及其他人事待遇。我们实行按劳分配与按资分配相结合的分配方式。

（价值分配原则）

【第十九条】效率优先，兼顾公平，可持续发展，是我们价值分配的基本原则。

按劳分配的依据是：能力、责任、贡献和工作态度。按劳分配要充分拉开差距，分配曲线要保持连续和不出现拐点。股权分配的依据是：可持续性贡献、突出才能、品德和所承担的风险。股权分配要向核心层和中坚层倾斜，股权结构要保持动态合理性。按劳分配与按资分配的比例要适当，分配数量和分配比例的增减应以公司的可持续发展为原则。

（价值分配的合理性）

【第二十条】我们遵循价值规律，坚持实事求是，在公司内部引入外部市场压力和公平竞争机制，建立公正客观的价值评价体系并不断改进，以使价值分配制度基本合理。衡量价值分配合理性的最终标准，是公司的竞争力和成就，以及全体员工的士气和对公司的归属意识。

第四节　股权架构的道、法、术

股权架构作为公司最基础的关系，可以说是公司的基石，然而不仅许多小公司在这上面走过弯路，甚至许多大公司也都中过招。比如说 AL 电商公司创始人与投资公司 YH 公司的争议、HW 电信公司与其员工的股权诉讼。

可以说，每个公司在股权架构上都有一段青春的迷茫期，唯一的区别是有的公司凭借创始人的情商、个人魅力，以及对公司超强的控制力，迈过了这道坎，走上了康庄大道，个别不幸的公司则中箭落马。

成功者如 HW 电信公司创始人，以 1% 的股权比例，通过员工持股会控制该公司。AL 电商公司创始人也曾与投资公司 YH 公司对赌导致股权争议，但最终通过上市赎回了部分股权，同时设立了合伙人制度，以章程安天下。

失败者如某知名快餐连锁企业，兄弟合伙各占 50%，结果是公司股东之一蔡某某入狱，公司上市梦断；互联网品牌某肉夹馍企业，三位创始人互不服气，谈崩后另立山头，元气大伤。

通过上述的案例，我们发现，股权架构没有放之四海而皆准的标准设置，而是与公司独特的气质及发展路径息息相关的。

无数的公司法培训教程这样教导我们：当你拥有一个公司 51% 的股权时，你就相对控股了该公司；当你拥有 67% 的股权时，你就绝对控制了该公司；当你拥有 34% 的股权时，你就具有了重大事项的否决权。

究其原因，是《公司法》规定，公司一般事项由持有公司 50% 以上表决权的股东通过即可，而对于重大事项，比如说修改公司章程、增加或者减少注册资本，以及公司合并、分立、解散或者变更公司形式，需要持有公司三分之二表决权的股东通过。

但公司法注定只能是最低标准,如果僵化地按照公司法操作,往往无法适应企业千变万化的实际需求。其实,伟大的公司都是超越公司法的,否则也无法解释某 AL 电商巨头公司创始人为何能以 8.9%的股权比例控制该知名电商平台,HW 电信巨头公司创始人为何能通过员工持股会以 1%的股权比例掌舵该公司巨轮。《孙子兵法》曰:水因地而制流,兵因敌而制胜。故兵无常势,水无常形,能因敌而取胜者,谓之神。

所以,我们不要教条式地理解,对《公司法》的运用也不是简单地照抄条文,而是在深刻理解价值创造及公司法规则的基础上进行灵活运用。

从逻辑结构来说,认识事物的三个层次分为道、法、术。道、法、术出自老子的《道德经》,道,是规则、自然法则,上乘;法,是方法、法理,中乘;术,是行式、方式,下乘。

"术"要符合"法","法"要基于"道",道、法、术三者兼备才能做出最好的决策。

一、第一层次:道的层面

"道"即万物变迁循环中亘古不变的规律,落实到股权与公司法领域,就是价值规律、价值创造。即公司价值的来源问题,说白了就是,谁在为公司创造价值?

从亚当·斯密开始,无数经济学家、管理学家就在探索企业的价值到底是由谁创造的问题,亚当·斯密提出价值三要素,即土地、资本、劳动力。按照传统的经济学理论,土地是财富之母,是一个基础,但财富的创造只有两个最基本的要素,即资本与劳动。资本的所有者出资,企业付给资本所有者相应的报酬——红利;劳动力的所有者出力，企业付给劳动力所有者相应的报酬——工资。

这引申出两种最基本的分配形式——按劳分配和按资分配。在资本主义的前期阶段，由于资本的稀缺性，一直倡导并实行的是按资分配。而在我们社会主义国家的计划经济阶段，一直践行的是按劳分配。

到互联网时代，企业价值创造的要素发生了深刻的变化，尤其是知识创新者和企业家日益成为企业价值创造的主导要素，这改变了过去资本和劳动之间的博弈关系。知识创新者和企业家在与资本博弈的过程中，使人力资本越来越占据主导地位。

在知识雇佣资本这种新型劳动关系的背景下，人力资本不再是被动地去适应货币资本的要求，而是取得与货币资本同等的企业经营权、管理权，以及利益的分享权，所以这个时代是人力资本和货币资本共创价值、共享价值的时代。

二、第二层次：法的层面

"法"是一套规则体系和原理原则，是实现价值观的指导方针和思路，可因事物内在规律的变化而变化，可通过对长期实践的思考和归纳总结而得出。我们的公司法、合伙企业法、私募基金法、信托法都是对国外先进经验及国内实践的总结。

以公司法为代表的股权法律体系，其实质无非是将前人的经验教训加以系统化、条文化，从而让后来者加以参考。从公司法的演进可以看出，公司法也在与时俱进。公司法的刚性被大大弱化，股东之间完全可以通过公司章程的方式约定公司的运作体系，从而搭建个性化的架构。

在公司法层面，量身定做的股权架构与公司章程，加上虚拟股等专业的协议，基本能满足公司创始人的个性化需求。在有限责任公司层面，同股不同权的设计（表决权、分红权二者分离）已经非常普遍；对于志在上市的科技公司创始人而言，AB 股制度在香港资本市场与内地的科创板都在稳步地推进。

就合伙企业法而言，其在私募基金及员工持股平台领域得到了广泛的应用。有限合伙企业形式的出现，让员工持股变得更简单，是员工持股平台的第一选择。其有两大优势：决策权和执行权的集中，保证了控制权和分红权的隔离；避免双重征收所得税，可实现税收筹划及纳税地的转移。《合伙企业法》第六条规定：合伙企业的生产经营所得和其他所得，按照国家有关税收规定，由合伙人分别缴纳所得税。合伙企业的所得税由各个合伙人单独缴纳，从而避免了先交企业所得税，再交个人所得税的双重征税。《合伙企业法》第六十七条规定：有限合伙企业由普通合伙人执行合伙事务。执行事务合伙人可以要求在合伙协议中确定执行事务的报酬及报酬提取方式。即普通合伙人对外代表合伙企业执行合伙事务，享有完全的决策权。

三、第三层次：术的层面

"术"是在规则体系指导下的具体操作方法，只要指导原则"法"不变，具体方法可千变万化，"术"可通过练习获得，也可通过对"法"的推理而产生。

股权架构及股权激励的具体方法主要有虚拟股权、限售股、期权、分红权。比如虚拟股，就是只有分红权，但并无在工商行政管理部门登记；限售股即是限制其在一定期限内出售，目的在于深度绑定，共创价值；期权主要是面向未来的股权架构，通过赋权于被激励对象，授予其未来某一期限内以约定的价格购买公司股权，从而分享股权升值的红利。

具体如何使用，要考虑到创始人的情况、发展阶段、行业状况、未来规划等，需要灵活适用，但不能违反上层的"道"的大原则，以及"法"层面的法律制度。

四、经典案例分析

从 2015 年年底开始的，号称中国上市公司收购第一案的"BW 之争"，是货币资本与人力资本失衡并动态调整的一个典型案例，对于我们研究在中国大陆上市公司的控制权非常具有参考价值。

深圳某知名房地产 WK 集团董事会主席王某与收购方深圳 BN 集团董事长姚某某，二人之间兵来将挡，大战数回合，舆论战、法律战一直延续了一年多。收购之初，王某狂怼 BN 集团，认为其信用不足。但姚某某也非泛泛之辈，财商出众，尤其擅长加杠杆绝技，威力十足，已经在 A 股横扫了几家上市公司，其以万能险资金层层嵌套、层层加杠杆，获得了 WK 集团 25% 的股权，位列该公司第一大股东。

姚某某的厉害之处在于 WK 集团动用了那么多的专家学者，愣是没有挑出其致命的违法之处。从大局上说，姚某某也是出师有名，一切都是为了响应国家的号召。想当初，2015 年闹股灾，千股跌停，国家队纷纷出面护盘，BN 集团的保险资金进入股市，在当时也是识大局、顾大体的表现。姚某某经营有术，即便由于外力的介入，虽未能实际控制 WK 集团，但两年后转手一卖，翻倍的收益 600 亿到手，扣除资金成本利润可观，全身而退。

回头说说 WK 集团，其股权架构一直就是虚君体制下的经理人共同治理，该公司也一直以无实际控股股东为荣。WK集团的矛盾是：实际控制公司的是强大的管理层，但其实际上拥有的公司股权不足以控制公司（仅有8%），而中国又不存在美国市场的双层股权架构。这样的公司一旦进入低估值区域，众多的资本大鳄会俯冲而下。而中国的资本法律制度并未给管理层提供太多的反收购手段，无奈之下，只能祈求外力出手解救。

其实，站在WK集团管理层的角度而言，他们作为价值的创造者之一，有权参与对公司剩余价值的分配。事实上他们也采取了一系列的制度，包括项目跟投合伙人措施、股权激励制度等。但无奈之处在于，房地产业并不具备一般的高科技企业的条件。它们先天上就属于一个重资产的公司，资本的话语权过于强大，之前的大股东又是国企背景，股权激励动辄得咎。而中国的股市又是严格的同股同权，不存在双层股权架构，在如何防止野蛮收购的法律制度上也是乏善可陈。

五、案例企业股权架构的道、法、术总结

以上我们主要是从价值创造及股权架构的道、法、术三个层面进行了探讨，毫无疑问，上述三位标杆企业的创始人，作为三位不同领域的企业家，都是其各自领域的成功者。在企业后续发展需要金融助力的大前提下，各位企业家也都根据自身的条件做出了自己的选择。

（1）HW电信公司创始人的选择是不上市，通过员工持股会的方式让广大的员工分享企业剩余价值收益；同时采用内部融资的方式获得发展资金，但通过内部员工获得的融资额度大大高于上市融资的额度。同时，对于重大事项，创始人是具有一票否决权的，这也保证了其对公司的控制权。

后期为了防止利益的固化，该公司进行了一系列的股权动态调整。为提倡奋斗者文化，防止老股东缺乏动力，减少了老员工的股票分红比例，同时加大对后续加入奋斗者的分红及奖励，提高工资收入的比重。

（2）AL电商公司创始人的选择是在美国上市，利用美国资本市场股权架构的灵活性，设立了自己独特的合伙人制度，以较小的股权获得了公司的控制权，同时让国内外的广大股东，包括RY、YH两家投资公司获得投资收益。

（3）WK集团的选择是在国内上市，背靠国企，以企业文化和职业经理人控制公司。所以说，该集团公司从股权架构与控制的角度上，就不像国外上市的科技公司或者非上市公司这么潇洒，只能面对一次次的外部资本冲击，见招拆招。

总之，"道"主要解决价值来源创造问题，"法"主要解决法律法规的合规性，"术"主要解决针对不同情况下的具体应用问题。企业家对价值创造很敏感，而我们广大的法律工作者则对于"法""术"层面的具体运用相对擅长。如果能深入理解三者之间的关系，则能运用之妙而存乎一心。

第五节 万法归一元：公司章程

2015年夏天，"野蛮人"BN集团首次"举牌"WK集团，此后不断增持，成为该知名房地产集团第一大股东。但BN集团的意外闯入，引来了WK集团董事会的坚决抵抗，"BW之争"由此爆发。

在WK集团抵御外界"野蛮人"入侵的过程中，其公司章程发挥了极大作用。BN集团虽然位列公司第一大股东，但由于WK集团公司董事选举实行累计投票制，有效地制约了大股东，导致BN集团一直无法有效控制董事会和管理层。最终，在外部舆论大环境和援军的支持下，以王某为首的管理团队取得了最终的胜利，但也造成了严重的后果，WK集团的创始人时代由此谢幕。

"BW之争"给企业，尤其是上市公司上了一堂生动的公司章程普法课。据不完全统计，事件发生后，全国有600多家上市公司启动了章程修改计划，增加了反敌意收购的条款，以避免"野蛮人"的入侵。

一、中小企业公司章程普遍存在的问题

许多中小企业的创始人，尤其是年轻的创业者还没有认识到公司章程的重要性。据统计，目前99%的公司章程都是工商行政管理部门提供的标准范本，千篇一律，毫无针对性。

1. 存在的问题

（1）照搬公司法的相关规定，可操作性弱

很多公司的章程简单照搬公司法的规定，导致其公司完全没有根据自身的特点和实际情况建立切实可行的方案，在公司发生内部争议时，章程不能发挥其应有作用，可操作性弱。

（2）照搬他人公司章程，毫无针对性

正如世界上不存在两片完全相同的树叶一样，每个公司的股东结构、主营业务、发展之路都是独一无二的。体现在公司章程上，服务类公司与生产类公司有很大的不同，注重资本的公司与注重人力的公司也显然不同。

（3）部分章程条款违法，从而无效

虽然公司章程意思自治的原则越来越普遍，但也存在一些硬性规定，不能随意突破。违反禁止性规定的条款，当然无效，在实际执行中也会给相关方造成极大的干扰。

如果公司章程存在上述三大问题，在面对公司与股东的争议、股东之间的争议、公司与高级管理人员的争议时就形同虚设，会大大影响章程的可操作性。

2. 应注意的事项

鉴于公司章程的专业性和重要性，我们建议公司聘请专业人士来进行针对性起草，不宜照抄照搬。就创业公司而言，起草章程需要注意以下六大事项：

（1）关于分红权、优先认购权及表决权的特别约定

《公司法》允许有限责任公司的章程对公司的分红权、优先认购权及表决权做出特别规定，比如同股不同权、特别的分红安排等，为此我们要根据公司的特殊情况，做出针对性的约定。

（2）股东会召开及议事规则

《公司法》里面对股东会召开的规定比较僵化，公司章程很有必要对此进行灵活调整：通知时间可以缩短，以提高工作效率；通知方式可以约定采用电子邮件、微信等现代方式。由于股东会议事规则涉及内容复杂，建议制作专门的股东会议事规则，作为公司章程的附件。

（3）董事会召开及议事规则

基于有限责任公司封闭与人和的特点，董事的选举，董事长、副董事长的产生，都可以由各股东民主协商，并写入公司章程，以综合平衡各股东的利益。董事会的议事方式和表决程序，建议制作

专门的董事会议事规则，作为公司章程的附件。

（4）监事会的设立与组成

对于一些股东人数较少、规模较小的有限责任公司，为提高运作效率，公司章程可以规定不设监事会，仅设 1 名监事。设立监事会的有限责任公司，其成员不得少于 3 人。监事会的议事方式和表决程序建议制作专门的监事会议事规则，作为公司章程的附件。

（5）股权转让与继承问题

当股东向外人转让股权时，股东之间的人和优势将受到冲击，如果公司章程不对此做出特别约定，则股东向外人转让股权是无法完全禁止的，因为内部股东享有的仅仅是同等条件下的优先购买权。鉴于上述情况，公司章程应量体裁衣，设立一定的封闭禁止转让期限，同时约定内部股东优先购买权的行使方式。

就股权继承而言，如果没有特殊约定，自然人股东的合法继承人可以继承股东资格。因此，在公司章程中应约定针对此问题的表决方式及处理方式，如果不继承股东资格，则股权相对应的财产权益如何返还给继承人的问题也要列明。

（6）公司财务制度及股东查账权的行使问题

公司财务制度的公开透明关系每一位股东的切身利益，公司应当在年度终了时编制财务会计报告，并向每一位股东汇报。

对于查账权的行使方式、查账的范围都要在公司章程中进行明确的约定，以免股东产生不必要的误会。

综上所述，章程的设计相当于为公司设置"宪法"，其不但具有对内的最高法律效力，也具有对外的公示法律效力。对于创业者来说，根据不同公司的个性化需求，量体裁衣，设计不同章程是成

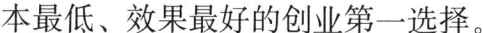

本最低、效果最好的创业第一选择。

二、关于公司章程的十个重大实务问题

1. 可否由公司章程任意约定董事长的人选

对于有限责任公司，一般认为，公司章程可自由规定董事长的选任程序。对于有限责任公司来讲，公司法将董事长的产生方式交由公司自主决定，由公司自行在公司章程中进行约定，通常公司会约定由大股东指派的董事担任董事长，或由全体董事过半数以上选举产生。而股份有限公司董事长的产生方式是法定的，即董事长由全体董事过半数选举产生。章程仅可规定"董事长以全体董事过半数选举产生"。但成为董事长的前提必须是董事，股东会无权直接任命非董事的人士担任董事长。对于国有独资公司来讲，董事长直接由国资部门在董事会成员中指定。

2. 在章程中可否约定，重大事项必须经全体股东一致同意

通常认为，对于特别事项需经股东三分之二以上表决权通过，这是《公司法》对于上述情况下最低份额表决权的限定。即公司可以通过公司章程约定高于上述比例的表决权通过门槛，比如四分之三、五分之四等，但不能约定低于上述比例的表决权通过门槛，否则会被判定为违反《公司法》而无效。

因此，多数观点认为，公司章程规定"公司重大事项需经全体股东通过"，属当事人意思自治的范畴，应当具有法律效力，但是该约定极易导致公司决策机制出现僵局。

3. 在公司章程中约定一票否决权是否有效的问题

就一般有限责任公司而言，公司法允许其通过公司章程对董事会和股东会的表决方式做出特殊约定，董事和股东可以行使一票否

决权。

《公司法》第四十二条规定，有限责任公司股东会会议由股东按照出资比例行使表决权；但是，公司章程另有规定的除外。

《公司法》第四十八条规定，有限责任公司董事会的议事方式和表决程序，除本法有规定的外，由公司章程规定。

部分人认为，有限责任公司在董事会层面的一票否决权存在争议。其理由在于，《公司法》第四十八条第三款规定："董事会决议的表决，实行一人一票。"法律并没有授权公司章程或者董事会议事规则对此做出另行约定，因而这一规定属于强制性规定。即便如此，有限责任公司仍可以通过公司章程的有效约定，为特定主体在董事会层面的一票否决权设计保留空间。

而鉴于股份有限公司较强的资合性，《公司法》对股份有限公司股东大会和董事会的议事表决程序都有明确规定，该规定为强制性规定，不得随意突破。

《公司法》第一百零三条规定，股份有限公司股东出席股东大会会议，所持每一股份有一表决权。但是，公司持有的本公司股份没有表决权。

《公司法》第一百一十一条规定，股份有限公司董事会会议应有过半数的董事出席方可举行。董事会作出决议，必须经全体董事的过半数通过。董事会决议的表决，实行一人一票。

因此，对于股份有限公司而言，无法直接通过公司章程在股东大会和董事会层面保留一票否决权设置，需要考虑其他的替代措施。

4. 公司章程可否规定由一方股东任命董事长，另一方股东任命总经理

在公司法实务中，在合资协议或者公司章程中约定由一方担任董事长、另外一方担任总经理的情况很常见。为避免歧义，我们建议在公司章程中约定由上述股东行使提名权，而非任命权，即股东有权根据章程约定提名董事长或者总经理人选，然后在公司内部履行必要的董事会程序。

依据《公司法》规定，总经理的任免均由董事会决定，但提名权是控制人选的第一权力。如果该提名人选未获得通过，则其有权继续提名，直至获得通过为止。在其提名的新人选获得通过之前，原提名人选应继续履职，董事会不得解除其职务。

5. 在公司章程中能否强制要求离职股东必须转让股权

自由处置股权是股东的一项基本权利。根据《民法典》的规定，股权也属于一项财产权利，民事主体的财产权利受法律保护，任何组织和个人不得侵犯。

越来越多的创新型高科技企业，采用股权激励计划，让员工拥有股权。在此过程中，一般会约定，职工股东离开公司后应转让所持股权。由于对上述条款的理解不同，也会产生一系列的纠纷。综合来说，就是有没有权力强制其转让和以什么价格转让两大问题。

通常认为，对于当事人成为股东之前，章程中即存在"强制转股"条款或者所签署的协议中有明确约定的，且明确转让情形和转让价格的，则此条款对该股东有约束力。如果在当事人成为股东之后，公司修改公司章程强制股权转让，但该股东并未同意确认的，该条款对其没有法律上的约束力。

6. 在公司章程中没有明确约定的情况下，股东会决议获得了 50％的表决权，究竟是通过还是未通过

在有限责任公司的章程未作明确约定的情况下，仅有 50％表决权的决议能否有效的问题，司法实践中存在不同观点，有不同的判例。

为避免上述问题，公司章程应规定，在仅有 50％的表决权做出某项决议时，该项决议是否合法有效。此外，还可以写明，决议经过半数表决权同意通过中的"过半数"，指的是超过全部表决权的过半数，还是参加股东会投票的表决权的过半数。如果没有明确约定，则按照公司法的相关规定执行。

7. 公司的大股东、小股东如何更好地行使董事提名权

在前述著名的 WK 集团控制权之争后，众多公司纷纷修改公司章程，加入反收购条款，以抵御外来"野蛮人"的入侵。董事的提名权是公司内部各方关注的焦点，更是控制公司董事会的前提。

在投融资实务中，专业的投资机构投资入股时，除了要求重大事项的一票否决权外，还会有提名董事的要求。这是因为在现代公司治理架构中，公司董事会发挥着重要的作用，往往是公司日常运作的主战场，尤其是在上市公司层面。

在有限公司层面，如果小股东有相应的谈判能力，可直接在公司章程中约定其享有对特定名额董事的提名权，以维护自己的合法权益。

在上市公司层面，小股东可通过累计投票权、委托投票的方式维护自己的合法权益。大股东则可通过提高董事提名门槛的方式，阻止"野蛮人"的入侵，例如可限制股东大会更换董事、监事的比例，并对董事、监事的资格进行更为严格的规定等，但不得与上市公司章程相冲突。

8. 如何通过章程设计防止抢公章行为的发生

在公司控制权的实际争夺过程中，除了股权比例、董事会席位、管理层任命权之外，最后还有一个重要的"信物"就是公司印章，著名案例如某知名网店创始人李某某抢夺公章事件。那么，我们可否通过公司章程的设计防止抢公章行为的发生？

首先，公司章程明确赋予了董事会"制定公司的基本管理制度"的权利，如果公司可以通过董事会制定《公司印章管理办法》，其对公司、股东均具有约束力，就可以确定谁有权持有公司印章。

其次，可以约定对非法抢占公章行为的处罚措施，以防止非法行为的发生。要明确公司印章系公司的财产，公司拥有上述证照等物品的所有权。当他人（包括股东个人）无权控制、占有时，公司有权要求其返还并要求其进行赔偿。如果有一个明确的赔偿标准，则在法院层面获得支持的概率就越大。

9. 部分企业的创始人手握特别表决权，创业者可否借鉴

根据《公司法》的规定，一般有限责任公司可就表决权自由约定，因此设置特别表决权不存在特别大的障碍。而股份有限公司目前的法律规定还是同股同权。

随着国内一批优秀的企业在海外上市，国内对允许科技型企业在国内设置特别表决权的呼声也越来越高，旧有的公司法规定已经极大阻挡了国内优秀企业的资本市场之路。

在这个大背景下，科创板的特别表决权制度，为众多创新型企业在境内上市扫清了障碍。该制度设计为科技公司创始人通过股权

吸引投资，但又不会失去控制权明确了法律依据。

科创板的特别表决权有如下特别的规定：

（1）设立时间限制。发行人首次公开发行并上市前设置表决权差异安排的，应当经出席股东大会的股东所持三分之二以上的表决权通过。发行人在首次公开发行并上市前不具有表决权差异安排的，不得在首次公开发行并上市后以任何方式设置此类安排。

（2）持股比例限制。持有特别表决权股份的股东，在上市公司中拥有权益的股份合计应当达到公司全部已发行有表决权股份10%以上。

（3）表决权不能无限扩大。上市公司章程应当规定每份特别表决权股份的表决权数量。每份特别表决权股份的表决权数量应当相同，且不得超过每份普通股份的表决权数量的10倍。

（4）其他权利限制。除公司章程规定的表决权差异外，普通股份与特别表决权股份具有的其他股东权利应当完全相同。

（5）特别表决权比例限制。上市公司股票在本所上市后，除同比例配股、转增股本情形外，不得在境内外发行特别表决权股份，不得提高特别表决权比例。上市公司因股份回购等原因，可能导致特别表决权比例提高的，应当同时采取将相应数量特别表决权股份转换为普通股份等措施，保证特别表决权比例不高于原有水平。本规则所称特别表决权比例，是指全部特别表决权股份的表决权数量占上市公司全部已发行股份表决权数量的比例。

（6）特殊情况下不能行使特别表决权。上市公司股东对下列事项行使表决权时，每一特别表决权股份享有的表决权数量应当与每一普通股份的表决权数量相同：①对公司章程作出修改；②改变特别表决权股份享有的表决权数量；③聘请或者解聘独立董事；④聘请或者解聘为上市公司定期报告出具审计意见的会计师事务所；⑤公司合并、分立、解散或者变更公司形式。

（7）交易限制。特别表决权股份不得在二级市场进行交易，但可以按照本所有关规定进行转让。

（8）特别表决权转为普通表决权。出现下列情形之一的，特别表决权股份应当按照1∶1的比例转换为普通股份：①持有特别表决权股份的股东不再符合相关规则（如持有特别表决权股份的股东应当为对上市公司发展或者业务增长等作出重大贡献，并且在公司上市前及上市后持续担任公司董事的人员或者该等人员实际控制的持股主体。持有特别表决权股份的股东在上市公司中拥有权益的股份合计应当达到公司全部已发行有表决权股份10%以上）规定的资格和最低持股要求，或者丧失相应履职能力、离任、死亡。②实际持有特别表决权股份的股东失去对相关持股主体的实际控制。③持有特别表决权股份的股东向他人转让所持有的特别表决权股份，或者将特别表决权股份的表决权委托他人行使。④公司的控制权发生变更。

发生上述第四项情形的，上市公司已发行的全部特别表决权股份均应当转换为普通股份。发生上述第一款情形的，特别表决权股份自相关情形发生时即转换为普通股份，相关股东应当立即通知上市公司，上市公司应当及时披露具体情形、发生时间、转换为普通股份的特别表决权股份数量、剩余特别表决权股份数量等情况。

10. 如何在公司章程中设置好一票否决权

说起一票否决权，大家可能首先想到的是我国作为5个常任理事国之一，在联合国安理会拥有一票否决权。在创业领域和风险投资领域，一票否决权机制也大量存在。比如著名的某共享单车企业融资事件，鉴于5位股东都有一票否决权，任何一方不签字新的融资都不能进来。有媒体总结出了该企业一票否决权的运作模式：与R公司商谈15亿美元融资计划，D行使了一票否决权；与M公司合并，创始人A行使了一票否决权；Y公司谈收购，B行使了一票否决权。

对此，某知名投资公司CEO李某某点评该企业溃败一事时表示，该企业真正死因在于一票否决权，创始人及其他投资人都有一票否决权，5个一票否决权，啥事都通不过。很多创业公司最初不太注意法律的设定，留下了很多的法律漏洞，这会对公司发展造成致命的威胁。

从企业的实际运作过程来看，其一票否决权分为两种：一种是创始人为自己设定的一票否决权，比如前述的HW电信巨头公司创始人的一票否决权。据该创始人表示，其在公司享有一票否决权，但从未行使过该否决权。将来，该否决权将由公司最高层中选出的7位精英集体继承、集体行使权力。这就是所谓民主原则下的集中，目的是防止公司失控。

另外绝大部分一票否决权是给予投资人的，在风险投资领域大量存在和使用，主要是为了解决包括创始股东、投资人之间的信息不对称问题。

一般而言，投资人要求的一票否决权主要适用如下领域：

（1）标的公司或其子公司章程的修改；

（2）标的公司或其子公司的中止、解散、破产或清算；

（3）标的公司或其子公司注册资本的增加、减少或其他变更；

（4）标的公司或其子公司的合并、合资、分立或其他重组或控制权变更（包括新设子公司等）；

（5）标的公司或其子公司的董事会人数变化以及董事长人选的确定；

（6）标的公司或其子公司的分红或股权回购；

（7）已批准的年度计划和预算之外每年特定金额以上的重大股权或资产处置（包括知识产权）以及提供担保权益等；

（8）金额超过标的公司上一年度净资产的特定比例的并购、分立，以及对外投资；

（9）管理层责任和薪资的重大变化；

（10）法律法规、公司章程中规定的其他事项等。

对于创业者而言，在融资过程中，都会被一个问题所困扰：投资方要求一票否决权，作为公司创始人，要不要接受一票否决权？

站在投资人的角度上，投资人与创始人通过投资协议或者公司章程约定否决权，其本质是为了保护自己的投资权益。因为在一般情况下，投资人持股比例是相对比较低的，一般在30%以下。这样的持股比例，对于公司的重大事项，是不能起到决定性作用的。而投资人为了保护自己的投资款或者为了公司按照其在融资时的规划方向发展，需要对公司的重大事项进行制约，因此一票否决权也应运而生。

投资人追求自身的利益固然无可厚非，但是当投资人利益与公司利益不一致时或者多个拥有否决权的股东核心利益不一致时，公司僵局就在所难免了。站在公司创始人的角度上，创始股东应根据投资人的情况谨慎给予一票否决权，建立适度的一票否决权机制和后续调整机制。

我们认为，可以进行如下维度的设计：

（1）考虑投资人的核心利益、资本背景与所在公司是否一致，投资人是为了进行财务投资还是产业投资，其核心利益能在多久的时间内与公司保持一致。

（2）限定一票否决权的范围。公司可通过在具体条款上设置不同情形来限制一票否决权的范围，例如允许对修改公司章程、增减资本等直接涉及投资人重大利益事项上设置一票否决权，但对于决定企业战略发展或日常经营的事项，如业务转型、经营管理人员聘用等不给予一票否决权。

（3）限制一票否决权的时间与"毕业条款"。公司可通过在具体条款上为一票否决权的行使设定时间，或者反向对赌机制，即约定创始人在完成一定的财务目标后可有条件地收回一票否决权，从而平衡双方的利益，这就是所谓的"毕业条款"。

总之，一票否决权有其存在的合理理由，但也是一把双刃剑，建议创始人进行换位思考、坦诚沟通，找到双方都能接受的平衡点。切记，一票否决权是"国之重器"，给予时应慎重，权利一旦失去控制，极有可能将企业推向绝境。因此，初创企业有必要设计好所在公司的一票否决权机制。

第三章
股权架构之重点问题研究

第一节 公司控制权问题

正所谓,成功的故事都是相似的,失败的案例则各有不同。成功者登顶封神,如 HW 电信公司创始人的职工全员控股、一票否决权,AL 电商公司创始人的创业十八人走向合伙人制度,历来让无数的创业者高山仰止、津津乐道。而控制权的失败者,例如某知名网店的李某某夫妻股权大战,某照明企业创始人吴某某三度被逐、最终锒铛入狱的经历,让人唏嘘不已、感慨良多。

一、公司控制权的三重境界

《人间词话》曰:"古今之成大事业、大学问者,必经过三种之境界。"其实在股权架构的控制权部分,也存在着类似的觉醒期、探索迷茫期及蓦然回首后的成熟期。

境界一:昨夜西风凋碧树,独上高楼,望尽天涯路

痛苦的彷徨,取舍之间踯躅前行。就大部分创业者而言,其在创业初期面临着企业的生存问题,活下来是企业的第一要务。在此阶段,创始人可能已经具有了初步的股权和控制权意识,但所处的阶段乃是踯躅前行的生存期。

境界二：衣带渐宽终不悔，为伊消得人憔悴

此时的公司，经过前期艰难的探索，在业务发展上取得了一定的进展。公司在此阶段的要务是，通过各种股权架构和设计实现对公司的控制，同时达到财散人聚、共创共赢的新局面。这将决定着企业能否实现长期稳定发展，能否实现从一个亿到一百个亿的重大跨越。

境界三：众里寻他千百度，蓦然回首，那人却在，灯火阑珊处

此时的公司，已经成为行业的翘楚，在股权架构、利益分享机制上也历经了多次迭代升级，实现了各自独创性的设计，比如某知名电信业巨头、某知名电商业巨头公司。

此类企业的创始人，基本上到达了无为而无不为的境界升华期。正如 HW 电信公司创始人所说，从架构上他拥有公司的一票否决权，但从来没有行使过，架构上的控制和精神上的控制都进入了一个新的境界。在此阶段，他们思考的不再是现阶段的控制问题，而是一百年后的公司发展、传承和控制问题。

二、常见的四种控制权模式

类型一：特殊的合伙人制度

例如 AL 电商公司的合伙人制度。关于该制度模式的详细介绍，详见本书第二章第二节相关内容。

类型二：AB 股模式

AB 股模式是指公司将股票分为 A、B 两个系列，其中对外部投资者发行的 A 系列普通股每股有 1 票投票权，而管理层持有的 B 系列普通股每股则有 N 票（通常为 10 票或者 20 票）投票权。也就是说 AB 股模式实际上是一种"同股不同权"的制度，其中"不同权"主要体现在投票权的不同。

例如，FB公司的普通股分为A类普通股和B类普通股（以下简称A类股和B类股）。除了表决权上的差异，A类股和B类股持有人的权利基本一致，而每一股A类股可以投1票，每一股B类股可以投10票。

根据FB招股说明书的估算，截至2012年3月31日，FB共有约1.175亿A类股和17.805亿B类股，而FB创始人在表决权协议的授权下将控制大约55.9%的表决权，这意味着创始人将有能力控制如选举董事，公司收购、兼并或者出售公司核心资产等需股东会表决的重大事项。

又如，互联网巨头JD公司在创立的时候，创始人为了避免出现控制权旁落的情况，也设立了AB股的双重股权制度。按照JD公司的AB股规则，创始人所持的B类股，其1股对应20票的投票权，除创始人之外的其他股东所持股票为A类股，1股对应1票的投票权。因此在JD公司上市后，虽然创始人持股比例只有18.8%，但他拥有超过80%的投票权，拥有绝对控制权，JD公司显然是他说了算。

由此可见，AB股模式能保证创始人的绝对控制权，同时还能防范敌意收购行为的发生。对创业者来说，能非常实用且高效地控制公司。

类型三：多层持股平台架构

2020年8月25日，某互联网金融集团正式向港交所递交上市申请。

招股说明书显示，该集团的控股股东为杭州JH及杭州JA两家公司。从公司股权构成上看，杭州的两家员工持股平台，分别持有29.8%和20.6%的股份，发行完成后，合计持股将不低于40%。同时，某电商业巨头公司创始人个人持股比例不超过8.8%。

杭州JH及杭州JA公司的普通合伙人及执行事务合伙人为杭州YB公司，由此可以推断出，杭州YB公司能控制上述两个持股平台，进而控制该互联网金融集团。

在杭州YB公司层面，某电商业巨头公司创始人持有其34%的股权，根据杭州YB公司各股东签署的公司章程及一致行动协议，该创始人能够实际支配杭州YB公司股东会与行使发行人股东权利相关事项的表决结果，并通过杭州YB公司控制的杭州JH及杭州JA公司间接控制发行人50.517 7%的股份，仍为发行人的实际控制人。

至此，该电商业巨头公司创始人通过两层持股平台，进而控制该互联网金融集团的控制权路径也就逐渐的清晰起来。

类型四：从工会持股（虚拟股）走向混合激励制度

在HW电信公司的股权架构中，其创始人直接持股仅占1%，其余99%股票由公司员工持有。关于该制度模式的详细介绍，详见本书第二章第三节相关内容。

三、公司控制权之非常四加一模式

公司法在股权问题上，可以简化为两个问题，一个是控制权，另一个是分红权。其中，更值得关注的是控制权，许多人担心公司股权分出去后，会导致自己控制权旁落。但公司控制权从来不仅是一个法律问题，仅仅照搬公司章程或者公司三会的规定并不能解决问题，它实际上属于实践性非常强的操作范畴。

下面，我们结合公司法的规定及大量的实战案例，总结出控制权实战之非常四加一模式（即控股、控人、控财、控章，外加控制法定代表人），供广大的创业者们借鉴参考。

1. **控股**

在公司法所有的控制权设计中，股权是最基础的权力。基础不牢，地动山摇。在有限责任公司层面，其整体架构具有资和与人和的双重性质，因此法律允许其进行特别的设计。在股份有限公司层面，操作的空间就相对少了很多，更加注重一股一票、同股同权的资本性质。

如果公司创始人在公司居于绝对的控股地位（超过三分之二以上），则其凭借股权上的优势就会在股东会，进而在董事会、监事会占有有利地位。但如果公司创始人的股权优势没有这么明显，或者说随着融资进程会不断地被稀释，则需要考虑以下三种控制手段。

控制手段之一：通过公司章程来进行控制

众所周知，公司章程是公司的内部"宪法"，在股东之间具有最高的法律效力。在如今公司法的范围内，有限责任公司股东之间可以自由约定分红权与投票权。

《公司法》第三十四条规定，股东按照实缴的出资比例分取红利；公司新增资本时，股东有权优先按照实缴的出资比例认缴出资。但是，全体股东约定不按照出资比例分取红利或者不按照出资比例优先认缴出资的除外。第四十二条规定，股东会会议由股东按照出资比例行使表决权；但是，公司章程另有规定的除外。

根据上述《公司法》的除外条款，我们完全可以通过公司章程来设置一些特殊的投票权制度。此外，在股份有限公司层面，随着科创板允许同股不同权企业上市事宜的推进，《公司法》的修改也是顺水推舟，可能不再实行同股同权的强制化安排。

具体如何设计公司章程请参阅本书第二章第五节相关内容的介绍。

控制手段之二：通过签署一致行动协议来进行控制

对于上市公司及新三板挂牌公司而言，一致行动人的概念以及一致行动人的认定范围均来源于《公司法》及证监会的规章制度。一致行动人是指通过协议、合作、关联方关系等合法途径扩大其对一个上市公司股份的控制比例，或者巩固其对上市公司的控制地位，在行使上市公司表决权时采取相同意思表示的两个以上的自然人、法人或者其他组织。一致行动人的认定一般包括以下四个基本点：

（1）采取一致行动的法律依据是协议、合作、关联方关系等合法方式；

（2）采取一致行动的手段是行使目标公司的表决权；

（3）采取一致行动的方式是采取相同意思表示；

（4）采取一致行动的目的是扩大其对目标公司股份的控制比例，或者巩固其对目标公司的控制地位。

在实践中，为项目操作需要或为取得公司控制权、决策权的需要，股东可通过签署一致行动协议，形成一致行动人，从而保证公司经营决策的科学、高效及治理机构的稳定。

上述一致行动协议绝大多数发生在上市公司股东层面，但在一般有限公司股东层面，法律对一致行动协议也是认可的，只是由于有限公司的封闭性，绝大多数一致行动协议都是抽屉协议，没有必要和义务对外公布罢了。

控制手段之三：通过持股平台来进行控制

除了上述公司章程和一致行动协议外，目前对公司骨干员工和外部合作伙伴一般采用设置持股平台（有限合伙）的方式来进行管理，公司实际控制人担任有限合伙的普通合伙人，从而实现以少数股权对多数股权的控制。

另外，上述持股平台如果设立在税收洼地，还能实现一部分避税的功能。此外，在相关股东进入与退出的管理上也会方便很多。

2. 控人

人才是公司运行的基础，尤其是关键岗位、核心部门的人才对于公司的发展十分关键。前述的网店公司李某某夫妇的抢公章大战中，李某某一方虽然通过猝不及防的突袭，抢到了公司的公章，但并未对公司的运营构成重大的影响，最关键的一点是公司在岗的管理人员均是对方任命的。从这一点上来说，谁能掌控公司的运营团队，谁就能在公司控制权上占得先机，从而在后续的过程中，搜集对对方不利的证据，进一步采取削弱对方的手段。

一般认为，关键岗位指在企业经营、管理、技术、生产等方面对企业生存发展起重要作用，与企业战略目标的实现密切相关，承担重要工作责任，掌握企业发展所需的关键技能，并且在一定时期内难以通过企业内部人员置换和市场外部人才供给所替代的一系列重要岗位的总和。

很多人认为，关键岗位是不言自明的，比如消费品营销公司的销售，或是制药公司的研发人员，或是各个公司的高级管理者。但其实，同一行业不同公司的商业模式很可能不同，有些公司技术人才是关键资源，有些公司品牌是关键资源，有些公司政府关系是关键资源。但无论如何，对于公司的实际控制人来说，对公司的财务、技术研发、市场、管理部门的核心人才拥有强大的影响力和控制力极为关键。

3. 控财

在公司的实际控制权上，对于公司财务的控制尤为关键，在历次的股权大战中，也出现了多起股东查账权的纠纷。所谓的查账权，即获得公司财务数据的权利。

在前述的某知名快餐连锁企业股权纠纷中，原实际控制人蔡某某就是在财务上出现了问题，从而以刑事案件立案。蔡某某锒铛入狱之后，公司的实际控制权被潘某某掌控，由此可见财务数据及财务人员的重要性。在公司实际运行中，由股东一方委任会计人员，另外一方担任出纳人员，或采用其他形式的分工制衡，甚至聘请专业的第三方机构进行定期审计都很常见。

因此，对于公司的实际控制人来说，一方面要保证对核心财务人员的控制权和任命权，另一方面要提升法律意识，引入专业机构进行规划，以保证财务数据的合法合规，避免由此引起的财务、税务风险。就公司的核心资产而言，公司实际控制人一方面要保证公司资产的完整性与独立性，比如对于以技术、专利等知识产权出资的其他股东，要审核其出资的真实性、完整性，防止其他股东侵害公司利益，影响公司的独立运作；另一方面公司实际控制人也要提升风险意识，在公司资产与个人财产之间设置防火墙，严格按照公司法及财务规则进行操作，以免二者的混同。

4. 控章

中国最早的印章出现于春秋时期，相传秦始皇曾经命李斯把著名的和氏璧制作成传国玉玺。后经过历代的发展，印章（篆刻）成为一门高度发达的艺术，与书法、绘画、诗歌并称四大传统艺术。

说起印章，每个创业的朋友都不陌生，但恐怕不是每个人都能理解其所代表的含义。公章、财务专用章、法人的个人章是一个企业必备的三枚印章，有些公司还会出现合同专用章、发票专用章等各种专门性的印章。

在与外界发生法律关系的过程中，印章起着在形式上代表公司意志的作用。无论是日常的合同签订，还是法院对纠纷的审查判断，印章都是一个重要的证据。在中国特色的股东争议纠纷中，发生过许多的抢公章事件。

在公司的日常运营中，我们要高度重视以公章为首的印章管理工作，制定严格的印章保管、使用、交接的管理制度。一般来说，公司印章的管理要注意以下三点：

（1）保管为王，管理为皇

公司设立初期，公司公章应由公司法定代表人保管，公司其他印章可按照不同印章的性质分门别类进行保管。要选择可靠的保管人员并要求其签订岗位职责书，明确其工作职责，让其充分认识到印章的重要性。在加强保管者岗位职责和意识的同时，也要建立规范的印章使用业务流程，定期检查印章使用情况，使印章管理工作做到有规可依、有章可循。

（2）使用留痕，章不离身

公司要建立并使用统一的印章使用审批制度和使用登记表。公司业务合同、项目协议、授权书、承诺书等用章都须先经部门主管审核、公司主管领导批准，填写公章使用登记表后才可盖章，同时需将用印文件的复印件提交办公室备案。

在具体盖章过程中，也要认真审核，审核所盖章文件与申请内容是否一致，确认无误后再进行盖章并登记。

需要特别注意的是，在盖章过程中要印不离身，不能让印章离开印章保管人员的视线。一般情况下，不允许使用者将印章携带外出，如遇特殊情况，可由企业负责人亲自批准，并指定可靠的人员前往执行盖章任务。

在印章使用过程中，严禁在空白合同、协议、证明及介绍信上加盖公章。因工作特殊确需开具时，须经主管领导审核同意。待工作结束后，必须及时跟踪后续结果，相关文件及时归档，如有未使用的空白盖章文件应立即收回。

（3）强化涉诉意识，加强风险防控

在企业所属部门或者分公司、项目部发生变更或被撤销后，其全部印章必须统一上缴并销毁，用印记录由公司管理部门按档案管理规定存档。如果印章不小心遗失，必须第一时间报案，并在报纸上刊登遗失声明，避免更大的风险和损失。

对于公司的实际控制人来说，法律赋予了印章特殊的地位，是企业在经营管理活动中行使职权的重要凭证和工具。

5. 法定代表人

法定代表人是指依法代表法人行使民事权利，履行民事义务的主要负责人。我国法律实行单一法定代表人制，一般认为法人的正职行政负责人为其唯一法定代表人。

法定代表人可以代表公司进行经营活动，公司必须对法定代表人代表公司的行为承担民事责任。所以，法定代表人对于公司的重要性不言而喻。

《公司法》第十三条规定，公司法定代表人依照公司章程的规定，由董事长、执行董事或者经理担任，并依法登记。公司法定代表人变更，应当办理变更登记。

根据我国的法律规定，法定代表人只是公司的人格化代表，是依法代表法人行使民事权利，履行民事义务的主要负责人。在对外关系上，法定代表人这个职位非常重要，其对外以法人名义进行民事活动时，不另需法人的授权委托书，其对外的行为后果由法人承担。并且，法人不得以对法定代表人的内部职权限制对抗善意第三人。

但与此同时，权力与责任是对等的。公司法定代表人拥有巨大的权力，同时也需要承担一系列的法律责任。以下是发生在某科技园区的真实案件。

李某某在国外获得博士学位后，回国创业设立公司，亲自担任公司的法定代表人，后期公司获得某集团公司的风险投资资金1 000万元。

由于经营理念不同，李某某在2018年6月离职，公司由投资人继续运营，李某某未参与公司的后续运作，但一直未进行法定代表人的变更手续。

2019年8月，该公司因为没有偿还法院裁判文书确定的债务，被法院列入失信人名单，李某某作为法定代表人也被采取限制出境，不得乘坐高铁、飞机等高消费措施。自身的工作、学习、生活受到了极大的困扰,左右为难、欲哭无泪。

这件事情提醒我们,公司法定代表人不是这么好当的,特别是对于离职后的"法定代表人",离开后不要以为公司的事与自己无关,如不能及时变更身份,将来可能会成为"背锅侠"。

总结下来,法定代表人主要有如下四大责任:

(1) 签字责任

根据相关法律的规定来看,法定代表人对于企业的作用,最直接的就是在法律文件上履行签字责任。一旦企业涉及法律诉讼,那么他应代表企业去起诉和应诉,一并在有关重要文件上签名等。

对于那些事务比较繁忙的商业大佬来说,他们担任公司法定代表人也未必是一件好事,因为在办理很多事情的时候,都需要法定代表人亲自出马,或者提供相应的文件签名等。

(2) 被法院执行的责任

在我国的一些法律实践中,会把法定代表人的责任过于扩大化,同时将公司的责任和法定代表人的责任混为一谈。

比如一旦有经判决的未偿还债务,公司没有执行或公司实质已资不抵债、没有财产可以执行(此时公司容易处于僵局即无人负责的状态),除公司被认定为失信人外,法定代表人也被法院认定为失信人,进入征信系统,限制其高消费(比如不能乘坐飞机、高铁,住星级酒店,限制出境等)。

(3) 连带责任(破产之后)

公司的有限责任铠甲也并不能有效地保护公司的法定代表人。在公司全体股东都已经履行完各自的全部出资义务的前提下,从法律上来讲,只要公司被法院裁定破产,那么法定代表人的"连坐"

责任也就可以结束。但问题是,首先,法定代表人并没有申请公司破产的权利,那是股东或债权人的权利;其次,从实际来说,由于基层法院人员不足,且破产案件又比较复杂、耗时,因此,法院一般很少受理破产案件,虽然目前法院系统已经加快了破产案件的受理工作,但流程仍相对复杂;最后,即使公司能够申请破产,法院审理的过程也往往旷日持久,有的要历经数年甚至更长时间,这样对法定代表人的影响是很大的。

从这个角度来看,非常容易出现劣币驱逐良币的现象。"老赖"有可能利用破产制度逃避债务,而正常的创业者却无法利用破产制度和公司有限责任制度来保护自己。

(4) 刑事兜底责任

公司一旦发生火灾、食品安全等重大安全事件,或涉税等犯罪案件,法定代表人一般难辞其咎,会被当做第一责任人控制起来。除上述情形外,常见的单位犯罪类型有生产、销售伪劣商业类犯罪,走私类犯罪,商业贿赂类犯罪,非法吸引公众存款类犯罪,集资诈骗类犯罪,侵犯知识产权类犯罪,非法经营类犯罪等。

综上所述,即便法定代表人需要承担一系列的法律责任和后果,但是对于公司正常运营且志在谋求公司控制权的创始人来说,如果没有特别的情况,我们仍建议其承担起公司法定代表人的职责,以便对公司整体局面有更好的控制。

正所谓,欲戴王冠必承其重。权力与责任永远是不可分割的一体两面。

第二节　股权动态调整机制

一、股权动态调整的思想渊源之"以奋斗者为本"

以人为本是科学发展观的核心，是指把人的生存与发展作为最高的价值目标，一切为了人，一切服务于人。而在HW电信公司的基本法中，明确提出"以奋斗者为本"，这和一般情况下所说的"以人为本"有根本的不同。奋斗者既是人的一部分，但又不是一般的"大锅饭"，而是人里面的特殊群体，即追求卓越者。

在HW电信公司的股份分红实践中，也严格按照上述理念进行分配。该公司最早实行的是虚拟股，大部分员工在公司拥有股份，随着时间的推移，"老员工"们躺在股票收益上混日子的现象越来越严重。老员工兼股东靠分红就能获得不菲的收益，奋斗的动力就大大缩减，而奋斗在一线的员工却未能获得相应的收益。这种激励机制导致内部分配严重不公，也背离了公司"以奋斗者为本，长期坚持艰苦奋斗"的核心价值观。变革势在必行。

于是，2008年该公司引入饱和配股制，规定各级别员工购股的上限，员工持股达到上限便不再参与新的配股。目的是避免员工获得过多的投资回报，从而使工资收入和投资回报之间的比例达到一定的平衡，这有利于"以奋斗者为本"文化的形成。

2013年该公司以总裁办电子邮件发文《正确的价值观和干部队伍引领公司走向长久成功》，倡导实施奖励期权计划，提升劳动者、奋斗者的奖金收入，减少虚拟股权的分红收入。至此，奖励期权计划与现行虚拟股正好可以相互配合，解决短期与长期、多数与少数的问题。

对于广大的创业者来说，根据参与主体的不同和其在不同阶段奉献价值的不同提供相应的分红收益，进而设置一个动态的、与贡献挂钩的股权架构是公司的事业走向成功的第一要素。

二、股权动态调整的法律与社会渊源

与过去不同，现阶段法律修订及科技与经济形势的变化都为我们进行股权动态调整提供了相应的法律与社会基础。

从法律角度而言，2013年《公司法》第三次修订时，将公司注册资本由实缴制修改为认缴制，这是国家为了鼓励大众创业、万众创新，使设立公司不再需要立即缴纳注册资本，从而降低了设立公司的门槛。目前大多数公司的股东都是认缴制，并未实际缴纳注册资本。与此同时，公司法允许有限责任公司设置投票权与分红权相分离的特殊股权架构，科创板也逐步在高新技术股份有限公司中实行特殊股权架构，这一切都为我们进行股权的动态调整提供了法律保障。

站在资本与新经济的角度而言，现代社会中资本的稀缺性大大降低，迅猛发展的科技企业创始人有机会以自身的技术实力与资本进行博弈，科技企业中普遍存在的同股不同权即是一个生动的例证。

三、股权动态调整的六大常见方法

纵观各个组织的发展历史，对于领导人的确立有两种截然不同的情况：一种情况是树立天生的领导者，一开始就带领大家，直至最终走向胜利；另一种情况是经过不断地试错与博弈，通过良性竞争后最终确定一位核心，带领大家走向胜利。

在联合创业的过程中，我们往往没办法预判公司的方向和发展路径。如果在创业之初，几位联合创始人太心急，一开始就把股份分个干干净净，这样就为后来的人才引进及股权调整设置了极大的障碍。为了公司利益的最大化，我们要做到赛马而不相马，总的原则就是：留余地，定规则，严考核，进章程。

股权动态调整的六大常见方法如下。

1. 股权成熟制度，专治合伙人中途退出

在创业过程中，合伙人最开始歃血为盟，想要拼出一番事业。但是，中间有些合伙人可能会因为各种主观或客观的因素离开创业团队。在工商登记中，创业团队各创始人基本拥有一个固定比例的股权，但上述工商登记往往不能满足现实的要求。各个创始人之间还应当另行签订书面协议，约定股权分期成熟兑现制度，以防止个别人的退出而使公司陷入困境。

所谓创始人股权分期成熟兑现，是指各创始人在一开始无法获得全部股权，需要分期成熟兑现。在这种情况下，我们就要设计股权成熟制度，比如说按年成熟，不管以后怎样，每干一年就成熟25%，剩下的可以放到股权池中，以便于后续的融资和引进人才。除了上述的按年成熟之外，我们还可以设计成按项目进度、融资进度或者运营的业绩来进行成熟。总的原则就是根据公司的类型、所处的行业及关键点来进行考核，同时要确保规则的可考核性与可执行性。

一般而言，股权成熟制度与股权回购制度应结合使用。如果在约定的期限内合伙人从公司离职（不包括因不可抗力而离职的情况），可以区分不同的情况进行处理。

对于该合伙人未成熟兑现的股权，合伙人应以"一元人民币"

的象征性价格或法律允许的最低转让价格将其转让给其他合伙人或事先指定的主体；而对于已成熟兑现的股权，其余创始人可以按照提前约定好的回购价格进行回购。

至于回购价格的确定，则可以根据所处行业、所在公司的具体情况进行具体约定。一般可以参照以下三种模式：第一种，参照原来的入股价格以一定的年利率溢价收购；第二种，参照公司净资产或净利润计算股价；第三种，参照公司最近一轮融资估值的折扣价回购股权。

例如：某公司制订三年成熟计划，未成熟的部分不享有实际股权，具体成熟进度见表3-1。

表3-1 某公司三年成熟计划

股东/成熟年限	第一年成熟	第二年成熟	第三年成熟
股东A 总股权60%	20%	20%	20%
股东B 总股权30%	10%	10%	10%
股东C 总股权10%	3.33%	3.33%	3.34%

2. 持股平台，预留股权制度

假如股东A、B、C三人联合创业，三方一致同意预留30%的股份作为期权池。即三方目前可以分配的股权占比为35∶21∶14，以其余30%的股权比例用于设立内部持股平台。在具体的操作上，又可以细化，见表3-2和表3-3。

表3-2 全部个人股东加持股平台

股东A	股东B	股东C	持股平台
35%	21%	14%	30%
项目公司			

表 3-3　　　　　　　公司大股东加持股平台

股东 A 35%	持股平台一 35%（股东 B、股东 C 的股权被放入持股平台，间接持股）	持股平台二 30%（用于后续人才的股权激励，间接持股）
项目公司		

设立持股平台的目的在于后续引入人才的股权激励及对公司高级管理人员的股权激励。

对于有突出贡献者及公司现有管理层人员，可根据其年度贡献值及担任的职位，通过本持股平台进行股权激励，将股权奖励给突出贡献者。对于上下游合作伙伴，公司在后续增资扩股引入股东的过程中，在同等条件下可优先考虑。可一并放入本持股平台，统一管理。

3. 固定切割法与剩余比例切割法

这两种方法适用于各个股东实力均等的情况，采用"赛马不相马"的策略。

以某生物制剂公司为例，把公司的股权根据不同的发展阶段设置成不同的比例，以此来进行分配，暂未分配的部分可统一放进股权池里。比如，可以在产品研发测试成功后，根据此阶段的贡献值分配 20% 的股权；获得国家批准证书后，分配 20% 的股权；累计销售收入达到 1 000 万时，分配 20% 的股权；实现盈利时，分配 30% 的股权；同时预留 10% 的股权待进行股改或者资本运作。

常见的贡献点与贡献值（以可量化为基础条件，供参考）：合伙人投入的现金、非执行合伙人投入的现金、全职合伙人未领取的工资、促成销售奖励、融资成功奖励、合伙人投入的物资与设备、人脉关系、商标权、著作权、专利技术、创意和点子、办公室、兼职的合伙人、奖励性贡献值、咨询顾问服务、公众号运营、财务管理、技术部门负责人奖励等。

除了上述固定切割方式，还有一种层层递减，金字塔式的剩余比例切割法，即每次切割余下的四分之一。它的理论基础在于公司发展到后期，价值会越来越大，即便可分的比例变少了，但实际待分配股份的价值却更加巨大。

还以上述生物制剂公司为例，可以在产品研发测试成功后，根据此阶段的贡献值分配25％的股权；获得国家批准证书后，分配余下股权的25％（75％×25％），相当于18.75％的股权；累计销售收入达到1 000万元时，继续分配余下股权的25％，相当于14.06％的股权；实现盈利时，继续分配余下股权的25％，以此类推。

4. 股权与分红权的动态调整机制——基于创业者、投资人不同诉求下的设计安排

例如：甲为原某知名电商巨头公司资深员工，乙和丙为其原来的下属，丁是甲多年的朋友，在某互联网协会工作，戊是甲多年的朋友，资深投资人。在这种情况下，各方基于对甲能力的认可设立A软件项目公司，乙和丙为甲的追随者，项目公司同时利用丁的相关资源，戊为专业的投资人。

在这种架构下，甲、乙、丙属于出钱又出力，全职参与项目公司的运营，丁戊属于兼职和投资人，不参与公司的运营。具体设置见表3-4。

在这种股权架构下，不同的股东有不同的诉求。如果公司发展状况良好，公司运营管理层有权获得超额的分红回报；但在公司运营的初期，如果盈利分红状况一般，我们就应该优先确保投资人的收益。

表 3-4　　　　　基于股东不同诉求的股权架构

A 软件公司	工作性质	出资	股份比例	是否参与经营
甲股东	全职	40	40%	参与
乙股东	全职	5	5%	参与
丙股东	全职	5	5%	参与
丁股东	兼职	10	10%	不参与
戊股东	投资人	40	40%	不参与

这也能符合资本方对投资的心理预期及对安全性的追求。在这种情况下，我们在不动股权的前提下，可以根据每年的净利润确定二者的分配比例，进行动态调整（见表3-5）。

表 3-5　　　　　不动股权利润分配比例动态调整

可分红的净利润	经营管理层分红比例	投资人分红比例
50 万元以下	20%	80%
50 万～100 万元	30%	70%
100 万～150 万元	40%	60%
150 万～200 万元	50%	50%
200 万～300 万元	60%	40%
300 万元以上	70%	30%

5. 一方已有一定创业基础下的二次创业（事业合伙人）

例如：海南某农业科技公司在海南建有生产基地，同时拥有工厂，产品出口欧洲，在国内水果领域具有一定的领导地位。大股东兼实际控制人赵总性格沉稳内向，但对行业认识深刻，了解行业，同时有意愿、有格局，想引进外部人才进一步发展。

外部人才李总，早年工作于多家知名的上市公司，在农业领域积累了丰富的工作经验，擅长营销、推广，想在农业领域自主创业。

二人的合作基础：共同的事业追求、性格能力互补。

二者的合作方式如下：

（1）对公司目前的整个资产包括基地、厂房进行评估，同时结合外部投资者对公司的估值，得出公司的整体价值。

（2）赵总将公司20%的股份以优惠价格转让给李总，李总受让股权，成为公司的股东（支付部分现金，部分以欠款方式慢慢支付）。

（3）赵总主抓生产与运营，李总负责销售和外联，二者分工合作、优势互补。

6. 融资上市筹备阶段的动态调整机制

本方法适用于投资人持股较多，且不参与运营，管理团队负责日常运营的情况。公司在进入稳定发展期后，公司的投资人与公司的管理团队可进行股权动态调整，以进一步优化股权结构，实现双赢的战略目标。

双方可以约定如果达到一定的经营业绩，公司投资人可以一定的价格（比如说公司净资产或者市盈率的倍数）将部分股权转让给公司的管理层。

如果以10倍市盈率计算，公司利润为1 000万元时，则公司估值为1个亿。在此情况下，公司管理层有权以2 000万元的价格回购投资人持有的公司20%的股票。回购完成后，投资人获利退出，但尚持有公司20%的股权以待公司上市增值。管理层可以上述回购的股份进行股权激励或者引进上下游资源方进行深度合作。这样就能实现二者利益的深度绑定，公司运营越好，管理层就能得到更多的股份，同时对投资人来说，其股份价值自然也是水涨船高。

第三节　股权退出机制原则及典型情景

一、股权退出的基本原则

多数人在谈论爱情走到尽头，没有了当初的美好时都喜欢用这样一首诗来形容："人生若只如初见，何事秋风悲画扇。等闲变却故人心，却道故人心易变。"意思是说事物的结果并不像人们最初想象得那样美好，在发展的过程中往往会变化得超出人们最初的理解，没有了刚刚认识时的美好、淡然。

世上最残忍的四个字，莫过于"物是人非"。对于创业，合伙是容易的，退出是困难的。

曾经有这么一个例子。

四人合伙创业。创业进行到一年时，有合伙人与其他合伙人不合，且他又有其他更好的机会，因此，他提出离职。但是，对于该合伙人持有30%的公司股权该如何处理，大家一筹莫展，无法达成一致意见。离职合伙人说，我从一开始即参与创业，既有功劳又有苦劳，公司法也没有规定，章程也没规定，合伙人之间也没签署过其他协议，凭什么让我原价退出。因此，他拒绝退股。其他合伙人说，他们还得把公司像养小孩一样养5年，甚至10年。你打个酱油就跑了，不交出股权，对我们继续参与创业的其他合伙人不公平。于是，双方互相折腾，互不相让，导致公司的经营一落千丈，错失了最佳的发展时机。

正所谓，"分手见人品"，从某种意义上来说，如何体面而优雅地退出往往会更加重要。

一般风险资本的退出途径是上市或者并购，而一般创业合作伙伴之间往往是以有限责任公司的形式结合在一起,由于股权的封闭性、企业估值的无法确定性等客观原因,导致股东的退出途径极为狭窄。

基于上述原因,合伙创业之初就要预设到以后的情形。如果没有一个明确的退出机制,导致的后果只能是已经离开的创业伙伴不能继续做贡献者,但却占有大量公司的股权,为后续的发展留下隐患。而通过事先的约定,就可以合理引导预期,退出的触发点、退出的价格、违反退出约定的处罚及限制都会有章可循。

比如说对于不全职参与公司运营的合伙人,公司有在一定期限内以固定的回报率进行回购的权利;对于中途退出的合伙人,公司或者控股股东有权以一定的价格进行回购;对于合伙人因能力问题、理念问题、严重损害公司利益等被辞退的,公司或者控股股东有权以不同情形下的价格进行回购。在这种情况下,回购权归属于公司,是赋予公司的一种权力,不是义务;甚至可以分多次进行,逐步回购。

从股东个人的角度出发,退出机制有章可循、好聚好散,对其自身的利益也是一个保障。那么,创业企业该如何做好合伙人股权的退出机制呢?

1. 管理好预期

合伙人一起创业,是基于大家长期看好公司的发展前景,愿意长期共同参与创业。合伙人早期拼凑的少量资金,并不是合伙人所持大量股权的真实价格,更重要的是后期的增值贡献,即人力资本的因素。

因此,在设计之初就要有一个股权逐渐成熟的理念:所有合伙人与公司长期绑定（比如约定一定时期），通过长期服务公司去赚取股权。如果不设定退出机制，允许中途退出的合伙人带走股权，是对其他长期参与创业的合伙人最大的不公平。

2. 制定游戏规则

创业的朋友经常问到两个主要问题，一个是退出价格，另一个就是是否写入章程。

（1）合伙人退出时，该如何确定退出价格

对于如何确定具体的退出价格，公司创始人可以考虑按照合伙人出资购买股权时的价格，给予一定的溢价回购，或按照持股比例确定可参与分配的公司净资产或净利润的一定溢价，或按照公司最近一轮融资估值的一定折扣价回购。

至于选取哪个退出价格基数，不同商业模式的公司会存在差异。因此，对于具体回购价格的确定，需要分析公司具体的商业模式，既让退出合伙人可以分享企业的成长收益，又不让公司有过大现金流压力，还要预留一定的调整空间和灵活性。

（2）股权分期成熟与回购的退出机制，是否写进公司章程

工商行政管理部门通常要求企业用他们指定的章程模板，股权的退出机制很难直接写进公司章程。

为解决这一问题，一般有两种方式：一种方式是设立时先暂时用工商行政管理部门提供的模板，后来再进行章程的修改；另一种方式是合伙人之间可以另外签订协议，约定股权的退出机制，并在股东协议中约定，如果公司章程与股东协议相冲突，以股东协议为准。

二、风险投资机构退出的方式

风险投资机构作为专业的投资机构，其资金来源于广大的具有

一定抗风险能力的投资者。因此，风险投资机构并不是无偿地提供资金，也并不会伴随企业发展一生，通过退出来赚取回报才是其最终目的。

1. 风险投资退出的主要方式

（1）公开上市

企业改组为上市公司，风险投资所占股份通过资本市场转让，从而实现投资回收和资本增值。

（2）股份回购

如果企业在克服了技术风险和市场风险，已经成长为一个有发展潜力的中型企业后，若达不到公开上市的条件或根本不想上市，风险投资机构会选择以股权回购的方式实现退出。

由于企业回购对投资双方来说都有一定的吸引力，此种退出方式发展很快。从发展趋势看，特别是针对中小企业，股份回购是风险资本退出的一种现实选择。

（3）兼并与收购

兼并与收购也是风险投资退出的比较常用的方式。主要方法是风险投资通过并购的方式将自己在企业中的股份卖出，从而实现风险资本的退出。

（4）破产清算

破产清算是在风险投资不成功或企业成长缓慢、未来收益前景不佳的情况下所采取的一种退出方式。

2. 风险投资机构的专业条款设计

对于广大的风险投资机构来说，在企业经营业绩未达到指标或者有重大运营风险的情况下，何时退出也是一个重大的难题。在信息不对称和被投资人诚信缺失的情况下，投钱之前风险投资机构是"爷爷"，投钱之后，风险投资机构变成了"孙子"。在这种情况下，投资人就要通过自己的专业条款设计来保护自身的合法权益，一般包括业绩对赌条款、领售权条款、清算优先权条款等。

（1）业绩对赌（或者股权回购）

所谓对赌协议，是指创业公司为了吸引私投资者注入资金，由创业公司及其控股股东向投资者承诺，公司会在若干年内实现特定水准的利润或上市。如果完不成，就以约定的溢价水平（一般为年利率10%左右），回购这些投资者的股权，或支付一定的现金补偿。

例如，娱乐圈内某知名导演冯某某与某影视公司的对赌案例。早在2015年，该知名导演就和影视公司签下了对赌协议。协议约定，影视公司以10.5亿元收购该导演的公司70%的股权，该导演承诺2016年自己公司的净利润不低于1亿元，此后4年的目标净利润在上一年的基础上增长15%。如果完不成目标，该导演就需要向影视公司支付现金补偿。其间，由于某个前央视主持人的狙击，整个影视圈都受到了重大影响，导致导演的新电影流产。2018年，该知名导演对赌失败，自掏腰包赔给影视公司6 821万元。

无独有偶，2019年11月4日，某房地产巨头公司之子王某某也因对赌失败被法院列为"被执行人"，执行标的约1.5亿元。作为一个超级富二代，居然被限制高消费了。消息一出，王某某不负众望地登上了热搜榜榜首。

究其原因，固然和整体大环境以及其创业失败有关，但互联网泡沫时期签订的对赌协议确实为今后的结果埋下了一个大大的雷。几年前，互联网创业风潮涌动，王某某作为大股东，创业成立公司搞直播，并陆续拉了一些投资人入伙，有些投资人在入伙时跟大股东王某某签订了对赌协议，如果王某某的公司不能如期上市，则需要本金外加12%的年利息回购投资者的股权。刚开始，直播搞得风生水起，但随着互联网创业的潮起潮落，该直播平台经营不善，作为大股东的王某某和员工、供应商、投资人之间发生了一些诉讼，由这些诉讼引发了王某某被法院限制高消费等事件。

（2）领售权条款、清算优先权条款

所谓领售权条款，是指在公司符合上市条件之前，如果多数A类优先股股东同意出售或者清算公司，剩余的A类优先股股东及普通股股东应该同意此交易，并以同样的价格和条件出售他们的股份。

所谓的清算优先权条款，是指如公司触发清算事件，A类优先股股东（即投资人）有权优先于普通股股东（即创业股东）每股获得初始购买价格2倍的回报。此处的"清算"，并不单指因资不抵债而无法继续经营下去的破产清算，还包括公司因合并、被收购、出售控股权，以及出售主要资产，从而导致公司现有股东占存续公司的股权比例低于50%等的情况。

例如曾经名噪一时的国内某餐饮品牌企业就领教到了此类条款的威力。2008年下半年，在易凯资本的撮合下，该餐饮企业创始人结识了鼎晖投资的合伙人，前者急需资金扩张，后者则是有意愿入股的金主，二者自然一拍即合。

实现融资的该餐饮企业奔着资本市场之路一路狂奔，但天有不测风云，2011年上市申请提交之后，监管层冻结了餐饮类企业的上市申请。2012年4月，该餐饮企业决定从A股转道赴港上市，此后,"中央八项规定"出台,这对定位于中高端餐饮的该餐饮企业无疑造成了沉重的打击。最终,该餐饮企业未能实现2012年年末之前完成上市的要求,触发了协议中约定的领售权条款、清算优先权条款。

根据当初双方签署的领售权条款,鼎晖投资只要能找到愿意收购该餐饮企业的资本方,创始人必须无条件跟随。最终,2014年4月,知名投资机构CVC发布公告宣布,以3亿美元的价格收购了该餐饮企业82.7%的股权,完成对该餐饮企业的收购。

上述收购的完成,同时触发了另外一个条款——清算优先权条款。这就意味着,鼎晖投资有权要求公司的实际控制人对自己的投资进行补偿,如有多余才能分给该控制人,如果没有多余则该实际控制人颗粒无收。

这一切,都是投资协议条款连锁反应的结果:该餐饮企业上市夭折触发了股份回购条款,无钱回购导致鼎晖投资启动领售权条款,公司的出售成为清算事件又触发了清算优先权条款。

由此可见,投资机构在投资中善于利用专业条款对自身利益形成一环扣一环的保护。

三、股权退出之大股东视角

做过公司实务的都知道,就大多数公司而言,一般是由大股东控制董事会和高管团队,整体把控公司的发展方向。

对于众多的小股东而言,碰上一个靠谱的大股东,大家各取所需,大股东吃肉,小股东喝汤,其乐融融。在这种情况下,一般是不存在大股东退出问题的,大股东的退出意味着整个公司的大地震,甚至导致公司的解散与清算。

1. 大股东的退出途径

（1）合法退出之股权转让

按照《公司法》的规定，如果公司股东对外转让股权，则其他股东享有同等条件下的优先购买权，以保护现有股东的利益。

但在大多数情况下，现有的小股东由于自身实力或者其他情况，基本无力承接大股东的股权，在法律上就会被视为同意转让。在普通有限责任公司资和与人和并重的架构下，大股东的离开会伤害小股东的利益，尤其是创业阶段的公司，往往对大股东有很强的依赖性。

在这种情况下，小股东需要利用法律上的随售权来保护自己的利益。所谓的随售权，是指在大股东（通常为创始人）出让股权时（或者是出让控股权时），小股东有权按照大股东出让的比例，等比例要求出让自身的股权，从而在某种程度上达到与大股东"同进同出"的目的。这可以视为是对大股东转让股权的限制。

（2）合法退出之决议解散公司

如果公司大股东持有公司超过三分之二的股份，则其根据《公司法》的相关规定，有权通过合法的股东会或者股东大会决议解散公司。

在此情况下，除非小股东提前要求修改公司章程，提高解散公司的门槛比例，比如将解散的门槛提高到四分之三。否则，公司股东会通过解散议案不存在任何的法律障碍。

在此情况下，如果小股东认为在股东会决议、清算程序中有侵害自身利益的情况存在，可依据《公司法》《侵权责任法》的相关规定提起相关的诉讼，以维护自己的合法权益。

(3) 非法退出之同业竞争

所谓同业竞争，按照法律的规定，是指公司所从事的业务与其控股股东（包括绝对控股与相对控股，前者是指控股比例50%以上，后者是指控股比例50%以下，但因股权分散，该股东对上市公司有控制性影响）或实际控制人所控制的其他企业所从事的业务相同或近似，双方构成或可能构成直接或间接的竞争关系。

在公司实务中，存在大股东利用同业竞争非法退出公司的情况。即公司大股东在股东层面存在争议的情况下，不寻求积极的解决方案，而是采用暗度陈仓、另起炉灶的方式，将公司的技术、客户、融资机会等全部转移到新设立的公司，任由老公司自生自灭，留下一个空壳。这就属于典型的同业竞争，从而掏空公司的行为。各国均立法规定禁止同业竞争行为，以防止控股股东利用控股地位，在同业竞争中损害公司的利益。为此，在设立公司之初，就要对公司股东、公司高管的同业竞争行为进行界定，同时约定好相应的处罚措施，以保证公司及各股东的整体利益最大化。

2. 大股东的防范措施

站在大股东的角度，为了维护公司和其自身的利益，防止因个别小股东的退出而影响公司的发展，大股东也会采取相应的措施来减少对公司的不利影响。一般而言，从股权架构的角度来说，大股东可采取如下的防范措施。

(1) 物理隔离的方式

大股东可在创业之初，设立间接持股的防火墙——有限合伙持股平台，将不太稳定的小股东放入持股平台中，以物理隔离的方式消除对公司的不利影响。

（2）时间隔离的方式

大股东可在创业之初，设立股权成熟的相关制度。只有工作一定时间的合作伙伴所持有的股权才能成熟，而对于未成熟的股权，公司可无偿收回。

（3）协议隔离的方式

在创业之初，大股东可通过协议的方式让小股东分享公司权益，但不宜将小股东直接写入公司章程的股东名单之中。具体可通过虚拟分红权、股权代持等协议进行，待稳定之后可将其转入持股平台，甚至直接进入股东名单。

四、股权退出之小股东视角

某天，一位与人合伙创业开公司的朋友打来电话，咨询其面临的股权困境：公司运营不死不活，总觉得公司能赚钱，可是大股东控制下的公司账务不清不楚。想转让退股，但无人接手，想转让给大股东，大股东又不接收。于是乎，该部分股权就只能在那里尴尬地存在着。

其实，退出难也是大部分公司小股东的真实写照。

根据《公司法》的规定，小股东退出有两条途径，即转让退出或者破产清算，但在实践中，都属于实际上很难执行的状况。

在合作关系难以为继的情形下，中小股东可以依据法定的条件要求公司回购其股份。

其中，《公司法》第七十四条规定，有下列情形之一的，对股东会该项决议投反对票的股东可以请求公司按照合理的价格收购其股权：（1）公司连续五年不向股东分配利润，而公司该五年连续盈利，并且符合本法规定的分配利润条件的；（2）公司合并、分立、转让主要财产的；（3）公司章程规定的营业期限届满或者章程规定的其他解散事由出现，股东会会议通过决议修改章程使公司存续的。

《公司法》第一百八十二条规定，公司经营管理发生严重困难，继续存续会使股东利益受到重大损失，通过其他途径不能解决的，持有公司全部股东表决权百分之十以上的股东，可以请求人民法院解散公司。

但是上述法律规定的条件比较苛刻，还要经历漫长的法律程序，一般情况下不太容易实现。基于上述考虑，我们可以参照专业投资人的做法，通过公司章程的设计或者协议约定，对小股东请求控股股东回购股份的情况做出明确的约定，当大股东严重侵犯小股东利益，或者侵占公司财产等情况发生时，小股东有权以事先约定的价格或者评估方式要求大股东回购股权，从而彻底退出公司。

五、员工股东的退出与股权激励

案例一：北京市海淀区某高科技企业的股权激励纠纷案例

张某于 2011 年 4 月 6 日入职海淀区某高科技企业，担任技术经理，其中劳动合同变更书中约定："经双方协商一致，对本合同做以下变更：授予员工张某 10 万股期权；并在公司统一办理期权证书之时，发放期权证书。"

2012 年 7 月 13 日，张某离职时，该公司提出与张某解除劳动合同，并签订补充协议约定："甲方（公司）于 2011 年 4 月授予乙方的 10 万股权由乙方（即张某）继续持有，但依据公司的规定，需由公司现有法人代表靳某持有，双方于 2012 年 8 月 31 日前办理相关的公证书……"

根据上述两份存在争议的文件，张某据此主张其持有公司10万股股权，公司则主张上述补充协议中漏写"期"字，系期权而非股权，该项约定与劳动合同变更书约定内容一致。

法院判决书认为，尽管双方所签署的补充协议确认张某拥有10万股股权，但该协议中明确载明"2011年4月授予乙方（张某）的10万股权由乙方继续持有"，而双方劳动合同变更书恰于2011年4月签订，约定公司授予张某10万股期权。基于此，法院选择相信张某与公司所签订的补充协议约定确系期权，而非股权。公司险胜。

案例二：原总经理与上海某知名公司的劳动争议及股权激励争议

2014年5月，王某被上海某知名企业解除总经理及董事职务，理由是其工作责任心不强，导致审计公司对该公司内部控制出具否定意见的审计报告，并被媒体负面报道，给公司造成了恶劣影响，属于严重失职的行为。

王某于2014年6月4日向上海市虹口区劳动人事争议仲裁委员会申请仲裁，要求恢复劳动关系。该委员会于8月4日做出裁决支持了王某的要求。随后，该企业表示不服并起诉至法院。原审法院认为企业并无证据可证明，内部控制审计报告中指出的重大缺陷是由于王某个人严重失职、违纪造成，其诉求未得到原审法院的支持。原审判决后，企业不服提起上诉。

二审法院在判决书中表示，该企业基于董事会撤销王某总经理职务的决议即可与其解除劳动合同依据不足。其以王某严重失职、严重违反规章制度为由做出解除劳动合同的决定缺乏依据。王某原虽为公司高管，但连续工龄已满十年，不予恢复劳动关系实质上亦剥夺了王某作为老职工可以要求履行无固定期限劳动合同的权利，有失公平。该企业可根据王某的工作能力、知识水平及企业的经营需要，另行安排合适岗位以确保劳动合同得以履行完毕。

由于王某本身还属于企业的高管，其除了与企业存在上述劳动争议外，还存在股权激励回购及注销方面的争议。

2014年6月4日，该企业召开董事会，审议通过了回购并注销王某尚未解锁的股权激励股票的议案，并于当天发布的公告称，"王某属于'违反公司规定、损害公司利益，根据员工手册给予记过以上处分的'情形"，决定其原本持有的于当年6月9日解禁的31.5万股激励股权将被企业回购并注销。王某不服，依法提起了诉讼程序。

上海市虹口区人民法院下达民事判决，支持了王某的第二期限制性股票（15.75万股）的权益，认为应该授予；但是当第三期限制性股票（共15.75万股）可以解锁时，王某已不再属于激励对象，因此法院不予支持。对于这一结果，该企业表示不服，再次提起上诉。最终，上海市第二中级人民法院驳回上诉，维持原判。

通过上述案例可以看出，随着股权激励在高科技企业的广泛应用，单纯的工资奖金已经远远不能满足公司对人才的吸引力。在这种情况下，就需要给予关键人才一定的股权，以实现公司与个人长远利益的绑定。

但此类员工兼具《公司法》与《劳动法》赋予的双重身份，如果处理不当，很容易产生纠纷，例如HW电信公司的虚拟股就曾经受到过离职员工的法律挑战。

为此，在可选的情况下，公司应尽量采用附条件期权、持股平台或者虚拟股的方式，进行股权激励，同时对入股条件、行权价格、退出价格、违约处理等都进行明确的规定。不能为了吸引优秀人才，简单无条件地授予员工股权，否则在员工离开公司时会给公司造成股权上的遗留问题，很难处理。

其实，如何管理众多员工持股及退股，目前已有成熟的模式。员工可以进入持股平台（合伙企业或有限责任公司）间接持股上市公司主体，实际控制人通过公司章程或合伙协议做出特殊规定，更方便地限制和管理员工的股权变动，扩大或者减少员工持股安排的受益人群，而不影响拟上市主体本身的股本结构。

在持股平台中，上市企业实际控制人或授权代表作为普通合伙人，激励对象作为有限合伙人。该架构设计，通过实际控制人的控制权与核心人才收益权的分离，可以实现企业、创业者与激励对象的共赢。

六、关于股权退出的核心问题

1. 谁有权提出

在公司运营过程中，一般情况下，是公司大股东制定游戏规则，所以其会在规则中设定自身的权力，即在特殊情况下，以约定的价格由公司或者大股东来回购小股东、员工股东或者其他类型股东的股权。

但在投资人进入后，投资人作为专业的投资机构，其也具有很强的话语权。投资人会通过业绩对赌回购、一票否决权等机制的设定，保障自己的核心权力。

相对公司的小股东、员工股东而言，部分核心股东、技术骨干、管理骨干等稀缺性人才，也具有很强的话语权。其完全有能力在进入之初，通过专业的股权协议维护自身的合法权益，实现权利与义务的均衡。

2. 在不同情况下如何退出

情况一：因客观原因导致的退出

（1）股东丧失劳动能力的；

（2）股东死亡、被宣告死亡或被宣告失踪的；

（3）股东达到法定或公司规定的退休年龄的；

（4）作为股东的法人或者其他组织依法被吊销营业执照、责令关闭、撤销，或者宣告破产的；

（5）股东长期移居海外或外地，股东权利无人行使的；

（6）由于不可抗力或突发事件，致使本合同在法律或事实上已经无法继续履行，或合同的根本目的已无法实现的；

（7）其他非因股东过错而终止劳动合同的。

股东发生上述情形之一的，可以约定由公司或者大股东以约定的价格回购其持有的股权。由于上述股东并无过错，建议按照市场价格进行回购，具体可参照后文陈述的定价标准。

如公司认为发生上述情形不影响股东权利的行使（如股东不担任公司职务）及公司的发展，则经董事会（或股东会）批准，该股东可以保留股东权利。但对于直接持股的股东，建议将上述股权统一放入持股平台，转变为间接持股，这是一个最优选择。

情况二：因自身主观原因导致的退出

（1）未满服务年限主动辞职或者服务期限届满主动不续约的；

（2）根据绩效考核管理规定，考核年度内累计三次月度考核为不合格或者连续两个月度考核为不合格的职工股东；

（3）其他因自身主观原因导致的退出。

股东发生上述情形之一的，可以约定由公司以原价或者公司股权目前的实际价格（以二者中的较低者为准）回购其持有的股权。

情况三：损害公司利益情况下的股权退出

（1）严重失职、营私舞弊，给公司造成重大损害的；

（2）未经公司董事会（或股东会）批准，自营、与他人合营或为他人经营与公司业务相同或相似的业务的；

（3）被依法追究刑事责任的；

（4）利用职权收受贿赂或者有其他非法收入的；

（5）侵占公司资产资源谋求非法利益的；

（6）其他存在严重损害公司利益和名誉的行为，严重违反规章制度，股东会认为有必要的。

股东发生上述情形之一的，公司有权自行取消其股东身份，无偿收回其股权，并不再发放当年红利。如给公司造成损失的，股东须向公司进行赔偿。

情况四：离婚时的股权退出

原则上，婚姻期间的财产是夫妻双方的共同财产，包括婚姻期间所投资的公司，但是夫妻双方可以另外约定财产的归属。如果合伙人夫妻没有做财产约定，那么股权依法属于夫妻共同财产。如果合伙人离婚，他所持有的股权将被视为夫妻共同财产进行分割，这显然不利于项目的开展。因此，配偶之间可以签署"土豆条款"，约定配偶放弃就公司股权主张任何权利，同时要保证离婚配偶的经济性权利。

情况五：继承情形下的股权退出约定

股东死亡，其公司股权属于遗产，根据我国《继承法》和《公司法》的规定，可以由其有继承权人继承其股东资格和股权财产权益。但由于创业项目人和的特殊性，由继承人继承的股东资格，显然不利于项目事业的发展。

《公司法》未规定股东资格必须被继承，如果股东的继承人是未成年人，显然与他无法共同工作。因此，公司章程可以约定合伙人的有权继承人不可以继承股东资格，只继承股权财产权益。在实际操作中，可由现有公司股东以事先约定好的价格对上述股权进行回购。

3. 以什么价格退出

不同于上市公司的公开市场价格，有限责任公司一般为封闭性的人和公司，其股权价值是动态的，同时有大量的无形资产难以确定价值。

目前来说，对于股权价值如何确定，法律并没有明确的、统一的规定。在实践过程中，股权价值的确定存在多种方法，例如参照出资额、净资产额、审计评估额、公开市场价等，但也都有各自应用的局限性。以下方法可供参考。

方法一：以公司盈利与亏损为标准

对于常规的进入稳定经营期的公司来说，盈利标志着公司进入了一个较为稳定的发展轨道，能够自我循环。对于该类公司来说，可以参照市盈率，按照年净利润的一定倍数对公司进行估值。但对于高科技公司、互联网公司来说，该种方法则不适用，例如公司在投资人进入后多年，一直处于亏损状态，但并不影响其股权的价值。

方法二：以公司所处行业为标准

对于传统重资产的公司来说，可以以评估后的净资产作为估值的标准；对于拥有稳定现金流的公司，可以市盈率为标准；对于互联网公司和高科技公司，可以用户数量或者竞争公司的估值作为参考依据。

方法三：以公司有无投资估值为标准

对于已有投资人进入的企业来说，投资人的入股价格是对公司价值的市场化确认。股权回购价格可在上述基础上，根据不同的退出情形，给予市场化、可量化的定价标准。

方法四：保底回购承诺

对于无法以上述标准确认价格的，公司创始人还可以根据后续入股的股东的不同情况，给一个基本的保底回购承诺，即入股时的原始价格，加上时间成本（利息）。

第四节 与股权有关的刑事法律风险

史玉柱结合自己艰难的创业经历曾得出一个结论，称"中国民营企业有十三种死法"，其中的一种死法就是法律上的原因。企业经营者往往觉得刑事风险离自己很远，但在专业人士看来，刑事风险无处不在。

企业常见刑事法律风险，存在于经营、融资、财税等企业运营的核心环节。例如在融资环节，通过银行融资涉及的刑事风险有贷款诈骗罪、骗取贷款罪、票据承兑罪、金融票证罪、高利转贷罪；通过社会融资的刑事风险有非法吸收公众存款罪和集资诈骗罪；在经营过程中，可能涉及行贿受贿罪、侵占挪用罪、合同诈骗罪、非法经营罪等；在财税环节，可能涉及虚开发票罪、虚开增值税专用发票罪、逃税罪等。

刑事法律风险作为公司经营过程中的一项重要风险正日益受到关注，规避此类风险对公司的稳定发展将起到至关重要的作用。在企业的风险防范过程中，不仅要考虑一般合规及民事风险，还需要考虑刑事法律风险的防范。在本书中，我们重点论述与股权有关的刑事法律问题。

一、投资入股阶段的罪名：虚假注册资本罪、虚假出资、抽逃出资罪等

1995年7月20日，陈某某和胡某某拿着自己全部身家80万元成立了AD公司，很快就研发成功了第一台VCD。

1996年，AD公司以8 200万元的价格拿下中央电视台天气预报后的5秒广告。借着央视的强大影响力，AD公司在全国名声大噪，营业额也是不断往上涨，1996年还是2亿，到了1997年已经达到16亿。从此一发不收拾，在1997年年底，AD公司又以2.1亿元的价格成为央视"标王"。

2000年4月18日，胡某某被警方逮捕，法院以挪用资金罪、虚假注册资本罪等罪名判处其有期徒刑8年。

无独有偶，制冷界与资本界大佬顾某某也曾触犯此项罪名。顾某某是GL集团创始人。2001年10月，GL集团收购KL电器股权，成为KL电器的最大股东。2005年7月，包括顾某某在内的数名KL电器及GL集团高管因涉嫌虚假出资、虚假财务报表、挪用资产和职务侵占等罪名被警方正式拘捕。2008年1月30日，广东省佛山市中级人民法院一审认定顾某某犯虚报注册资本罪，违规披露、不披露重要信息罪，挪用资金罪，判处有期徒刑10年，并处罚

金680万元。2019年4月10日,最高人民法院对顾某某案进行再审。判决撤销原判对顾某某犯虚报注册资本罪,违规披露、不披露重要信息罪的定罪量刑部分和挪用资金罪的量刑部分,对顾某某犯挪用资金罪改判有期徒刑5年。

在相当长的一段时期内,上述公司资本类罪名像一张无形的网,笼罩在民营企业主的头上。

直到2013年12月28日,全国人大常委会通过了对《公司法》共十二条的修改决定,该决定删去了有限责任公司、一人有限责任公司和发起设立的股份有限公司的注册资本最低限额,以及全体股东货币出资金额不得低于注册资本30%的规定,不再要求公司股东(发起人)自公司成立之日起2年内(投资公司可以为5年)缴足出资、一人有限责任公司一次性足额缴纳出资。此外,股东缴纳出资后无须验资,公司营业执照不再登记实收资本,股东出资证明书也不再载明出资额。

2014年4月24日,第十二届全国人民代表大会常务委员会第八次会议通过《关于〈中华人民共和国刑法〉第一百五十八条、第一百五十九条的解释》,刑法第一百五十八条、第一百五十九条的规定,只适用于依法实行注册资本实缴登记制的公司。

其中,下列类型的公司是实行注册资本实缴登记制的公司:银行业金融机构、证券公司、期货公司、基金管理公司、保险公司、保险专业代理机构和保险经纪人、直销企业、对外劳务合作企业、融资性担保公司、募集设立的股份有限公司等,劳务派遣企业、典当行、保险资产管理公司、小额贷款公司等。

因此,可以说在2014年《公司法》修订后,只有上述类型的公司才涉及虚假出资、抽逃出资罪的概念。

二、私自转移、侵占其他股东股权是民事侵权还是刑事犯罪

某投资公司在太平洋一岛国设立酒店项目公司，首笔投资额有近千万元人民币，公司委托一个自然人陈某（公司小股东，熟悉当地情况）全权管理该项目公司。后来陈某未征得公司同意，利用其掌握的印章，私自伪造签名，将项目公司股权转移给了第三方。

就上述股东私自侵占其他股东股权的问题，究竟是民事侵权还是刑事犯罪，在法律实践中争议很大。

争议一：民事侵权（以民事起诉维权）

一般而言，在上述情况下，股东签名被伪造，导致其股权被非法转让的，股东可以依法提起民事诉讼，并要求法院确认其股权。

但这类案件被作为民事纠纷诉诸法院进行审理后，往往面临无法执行或者救济不足的问题，尤其是在上述股权被转让给善意第三人的情况下，股权很难被追回。因此，民事诉讼的救济途径对股权保护及对侵害行为惩罚的力度明显不足。

但考虑到刑法的谦抑性，在目前的司法实践中，大多数意见认为，对于股东私自侵占其他股东股权的问题，应该以民事手段来维护其合法权益。

争议二：职务侵占罪（刑事手段）

除上述民事起诉外，在司法实践中，侵占股权的行为也可能被定性为职务侵占，也有很多的判例。主要看主管部门的意见。

（1）根据《全国人民代表大会常务委员会法制工作委员会对关于公司人员利用职务上的便利采取欺骗等手段非法占有股东股权的行为如何定性处理的批复的意见》认为，股权可以成为侵犯他人财

产犯罪的犯罪对象。

（2）2005年发布的《公安部经侦局关于对非法占有他人股权是否构成职务侵占罪问题的工作意见》认为，对于公司股东之间或者被委托人利用职务便利，非法占有公司股东股权的行为，如果能够认定行为人主观上具有非法占有他人财物的目的，则可对其利用职务便利，从而将非法占有股东股权的行为以职务侵占罪论处。

即便有法律专家认为股权不属于《刑法》中所说的"本单位财务"，股东财产所有权不是职务侵占罪的客体，但不可否认的是，在当前的中国国情下，在目前没有更高层级法律解释的情况下，公安部经侦局的意见还是有很大影响力的。

争议三：诈骗罪（刑事手段）

在实践中，还有少部分法院和法官认为，如果利用职务之便伪造签字加盖公章，骗取股权转让登记，并利用工商行政管理部门对股权变更登记的形式审查，进而转移股权，上述行为应该以诈骗罪论处。

这种认识的逻辑矛盾在于：要达到诈骗罪既遂，需满足以下要求：行为人实施欺骗行为→相对人产生错误认识→受骗者基于错误认识而处分财产→行为人或第三者因此取得财产→受骗者遭受财产损害。

在股权类相关案件中，行为人客观上采取欺诈手段欺骗了工商行政管理部门，工商行政管理部门也因此出现错误，并做出了错误的行为。但工商行政管理部门做出的只是行政登记行为，其自身并没有损失。对受害人而言，他是在不知情的情况下被转移了股权，根本不存在基于错误认识而处分财产，因此上述情况不符合诈骗罪的犯罪构成。

第四章

股权加速器之1.0版：股权激励制度

成也股权激励，败也股权激励。对于企业来说，如果排斥股权激励，必将影响到企业核心人才的工作积极性，也不符合企业长远发展的需要；而推行股权激励，倘若操作不当，又容易抬高人力成本，出现分配不公、股权纠纷等新问题。

第一节 股权激励及其影响

股权激励是一个既新潮，同时又很古老的话题，既是一个外来的概念，同时又根植于中国的传统文化之中。

中国金融业的开创者山西票号，就开创了中国特色的股权激励。1824年，从山西平遥小镇上的第一家票号——日升昌开始，发展到遍布全国重要城镇和商埠的几百家总号、分号，乃至在日本、朝鲜和印度设立分号。在这个过程中，身股制度就发挥了重要作用。

山西票号中的利润分配一般由银股、身股共同参与。银股是指财东（出资人）在立合约时的股资，身股是票号中的掌柜（经理以及资历深又有劳绩的伙友（职员）的报酬，也以"股"的形式分配。身股并无真正的出资，但在利润分配上却同银股享有一样的权利。这是一种早期的、符合当时社会环境的激励机制。

现代意义的股权激励起源于美国。20世纪80至90年代，股权激励在美国得以迅速发展，股权激励逐渐成为职业经理人报酬的主要组成部分，高级管理人员的平均报酬组成中股权部分逐渐增加。

进入21世纪，股权激励在我国的高科技企业中大行其道，方兴未艾。我国目前正借鉴美国的经验，通过加快资本市场发展促使经济从工业时代向后工业时代转型，推动高端生产性服务业快速发展。

在新一轮的创业上市大潮中，股权激励与员工持股以其巨大的造富能力一直在吸引着人们的视线。据统计，2005年某搜索引擎公司登陆纳斯达克，造就了8位亿万富翁、50位千万富翁和240位百万富翁，而该公司当时的总员工数量才750人；2007年，某知名电商业公司在香港上市，批量产生了1 000位百万富翁；2014年9月21日，某知名电商业巨头公司在美国上市不仅造就了公司创始人这个华人首富，还造就了几十位亿万富翁、上千位千万富翁、上万名百万富翁，这是一场真正的财富盛宴。

通过上述互联网科技性公司发展之路可以看出，股权激励及公司上市成就了一大批具有创业精神的人。从更深层次讲，它们是一种以"股权激励"为代表的、鼓励创业和分享的新理念。

互联网时代，企业之间的竞争实质是人才的竞争。作为一个核心人才激励工具，股权激励一直备受争议。成功者如某搜索引擎公司、某知名电商业巨头公司所掀起的股权激励"造富运动"，以及某知名电信业巨头公司的员工持股所演绎的"狼群传奇";而回顾股权激励的失败乃至法律纠纷,也可见被称为"A股股权激励第一案"的某家纺企业股权激励纠纷,以及深圳某知名房地产集团股权激励所引发的社会大讨论。

成也股权激励,败也股权激励。对于企业来说,如果排斥股权激励,必将影响到企业核心人才的工作积极性,也不符合企业长远发展的需要;而推行股权激励,倘若操作不当,又容易抬高人力成本,出现分配不公、股权纠纷等新问题。

面对这把双刃剑,企业家不宜一味全盘拒绝或接受,正确的做法是在对企业发展阶段和管理主题进行科学诊断的基础上,深刻领悟股权激励的精髓,同时取得专业人士的帮助,扬长避短、科学决策,从而发挥出股权激励这一"六脉神剑"的最大威力。

第二节 股权激励的常见方式

资本市场具有强大的造富功能,随着企业的上市,持有股票的股东也会一夜暴富。如果在企业上市前实施股权激励,激励对象所能得到的利益将会被数十倍地放大。因此,越来越多的企业倾向于在上市前实施股权激励。

一、公司股权激励的政策演变

根据《上市公司股权激励管理办法》《国有控股上市公司(境内)实施股权激励试行办法》和《国有控股上市公司(境外)实施股权激励试行办法》,我国已经对上市公司如何进行股权激励做出了规定,但非上市的股份有限公司、有限责任公司的股权激励依然缺乏可操作性的规定。

在实务中，有限责任公司对其高管及核心技术人员的股权激励有多种形式，如虚拟股、现金出资加大股东配股、大股东附条件赠与等。但在上市条件的约束下，作为拟上市公司的有限责任公司还需更多考虑首发管理办法以及证监会的要求。

根据首发管理办法以及证监会保代培训的相关要求，拟上市公司实施股权激励不得使公司股权处于不稳定状态，且不得产生纠纷或潜在纠纷。因此，这也就宣布了以股票期权方式进行股权激励很难行得通。

基于对公司股权稳定性的考虑，尤其是要求发行人应当股权清晰，控股股东和受控股股东、实际控制人支配的股东持有的发行人股份不存在重大权属纠纷，这就要求公司上市前确定的股权激励计划必须执行完毕，或者终止该计划后再上市。在新三板，申请挂牌公司在其股票挂牌前实施限制性股票或股票期权等股权激励计划且尚未行权完毕的，应当在公开转让说明书中披露股权激励计划。

因此，目前大多数的拟上市公司对高管及核心人员进行股权激励，多采取迂回前进的方式，即在拟上市主体股东层面进行，如设立有限合伙或持股公司等，目的就是在确保拟上市主体股权稳定的前提下，在其股东层面实现股权激励。

在实务中投行对拟上市公司进行股权激励大多持否定态度，其主要依据就在于股权激励易导致公司股权结构处于不稳定的状态，且易导致股权纠纷，与首发管理办法的要求不符。

目前，随着江西博雅生物及三诺制药等以有限合伙形式进行员工激励的案例的出现，以有限合伙等形式在企业上市前进行股权激励的模式，已经不存在障碍。

二、股权激励平台形式的选择及差异比较

有关股权激励平台形式的选择及差异比较详见表4-1。

表4-1　　股权激励平台形式的选择及差异比较

	员工直接持股	合伙企业	公司法人
优点	√操作简单 √审核风险低，是目前最易接受的方式 √员工处置自己所持股权的方式灵活	√设立程序简便，无注册资本要求，无须验资；普通合伙人可以劳务出资 √借助于合伙协议的巧妙设计，可以比较方便地融合对员工的激励和约束机制 √入伙机制较为简便，方便后续核心人员的加入 √员工退出机制简便，无论是转让合伙份额还是退伙 √税负较低；合伙人为自然人的，只需缴纳个人所得税；合伙人为法人的，缴纳企业所得税；合伙企业本身没有税负 √后续运营简便，一般由合伙事务执行人执行合伙事务	√股权变动及潜在纠纷均在持股公司层面发生，有利于保持发行人的股权稳定 √股东的有限责任
缺点	√对员工缺乏制约机制，难以防止其在企业上市后套现走人 √如果拟激励人员较多，会受到股东人数的限制 √潜在的股权结构不稳定	√有限合伙的人数限制 √普通合伙人的无限责任	√设立程序较为复杂，需要时间 √对员工施加的限制性约束不得与公司法的强制性规定相抵触 √将来退出机制复杂，手续烦琐，需要一系列的程序 √面临双重征税的风险

三、股权激励的主要方式及其优缺点

目前，拟上市企业的股权激励基本处于无法可依的状态。拟上市企业在设计和实施股权激励方案时，如果不考虑企业未来申请上

市时监管机构的要求，很有可能影响上市进程。具体来说，拟上市公司股权激励及其优缺点主要有以下五个方面。

1. 老股东直接转让或者增资扩股，由新员工直接持股

引入员工股东的形式包括原股东向新股东直接转让股权或者公司直接增资扩股，可以平价亦可溢价转让。

这种以员工自然人持股的模式的优点是，股东法律地位完善，公司较容易通过挂牌审批，不会重复纳税。缺点是股东大会的召集和决议较困难，会影响公司的决策效率。

2. 设立员工持股平台间接持股

员工持股平台的模式包括有限责任公司和合伙企业。

员工通过有限责任公司及合伙企业间接持有公司股份的优点是公司决策效率高，但存在重复征收企业所得税（有限责任公司）与个人所得税的问题。实务中，一般将持股平台设立在税收洼地，以避免过高的税务成本，从而实现税务筹划的目的。

3. 股票期权

股票期权指股份有限公司赋予激励对象购买本公司股票的选择权，具有这种选择权的人，可以在规定的时期内以事先确定的价格（行权价）和条件购买公司一定数量的股票，也可以放弃购买股票的权利，但股票期权本身不可转让、抵押、质押、担保和偿还债务。

对公司而言，股票期权留住了公司的管理人才、技术人才，并有利于吸引外来人才，实现利益的一体化。同时，公司以期权方式进行激励，不提供任何的资金保障或担保服务，成本较低，客观上还增加了公司的注册资本。

对公司员工而言，通过期权方式进行激励具有很大的灵活性。如果公司的股价稳步上升，则员工可获得股票价格与行权价之间的巨大利差；如果公司股票价格跌破行权价格，员工可自主放弃。但如果操作不当导致心理落差过大，则可能会对员工的心理产生一定的影响。

4. 限制性股权

限制性股权是指挂牌公司以低于二级市场的价格授予激励对象一定数量的本公司股票，激励对象以自筹资金购买公司股票。限制性股权一般会设定股票锁定期（即持有股票但不能出售的时期），在公司业绩达到预先设定的考核指标后，方可按照约定的期限和比例将股票进行解锁。相比于其他的激励方式，限制性股权激励将公司与激励对象深度绑定，但也可能导致偏离激励初衷的短视行为，违背公司的远期利益最大化的目标。

对公司而言，限制性股权激励方案一经通过即可迅速实施，但无论公司以后业绩好坏，股价上涨或下跌，激励对象都无法自主放弃，只能尽力去实现解锁条件。对员工而言，限制性股权风险较大，能够快速获得股份的代价便是快速被"绑定"，可视为激励对象对公司长远经营业绩的认可和背书。

5. 虚拟股权

虚拟股权指公司授予被激励对象一定数额的虚拟股份，被激励对象不需出资而可以享受公司发展的增值，增值部分需要公司支付。被激励者没有虚拟股票的表决权、转让权和继承权，只有分红权。因此，虚拟股票是通过分享企业剩余索取权，将持有者的长期收益与企业效益挂钩。

虚拟股权相对于其他股权激励模式是最为特殊的一种，因为其实质为一种年度分红凭证，缺乏股权变动的实质性内容。

对公司而言，虚拟股权方案的制订、操作均只需公司内部通过即可，还未有相关法律法规的限制，其实质为公司的绩效考核制度，属于公司内部管理的问题。相对于其他激励模式，虚拟股权并不因为股票价格、行权、解锁等事项而受到影响，其最大的制度价值在于利用虚拟股权给予的分红权，调动企业员工为公司长远发展而共同努力的积极性。但虚拟股权并不是实际股权，所以激励力度相对较小，无法充分实现留住人才的作用，激励对象也可能因过分关注企业短期效益获得分红而不注重企业资本公积金的积累。因虚拟股权激励模式主要以分红为激励手段，所以对于公司的现金支付压力较大。

对员工而言，该种激励模式实质是一种分红政策，是纯奖励的措施，没有任何风险，员工较容易理解，且无须自主支付资金，较易接受。但相对于其他激励模式而言，诱惑力较小，员工的积极性不会太高。

第三节　以司法实例分析股权激励的法律风险

一、某技术公司股权激励案例分析

2014年，北京市海淀区法院审结了员工张某与北京某技术有限公司的劳动争议纠纷。张某于2011年4月6日入职，担任技术经理，其中劳动合同变更书中约定："经双方协商一致，对本合同做以下变更：授予员工张某10万股期权；并在公司统一办理期权证书之时，发放期权证书。"

针对该期权约定，双方在法庭上各执一词：张某主张双方对于该10万股期权，曾口头约定没有行权时间限制、行权价格为0，实际上为授予其10万股股权；而该公司主张该10万股为期权，待该公司审批上市后才可行权，对于行权价格则另行协商。

2012年7月13日，该公司提出与张某解除劳动合同，并签订《补充协议》约定："一、雇佣合同终止日为2012年7月13日……三、甲方（公司）于2011年4月授予乙方的10万股权由乙方（即张某）继续持有，但依据公司的规定，需由公司现有法人代表靳某持有，双方于2012年8月31日前办理相关的公证书……"对于上述第三项约定，张某主张双方确认其拥有10万股股权，暂由公司法定代表人靳某持有，暂不进行工商变更登记，其应当持有公司10%的股权；公司主张上述约定中漏写"期"字，系期权而非股权，该项约定与劳动合同变更书约定内容一致。据查，该公司为有限责任公司，注册资本为10万元。

法院指出，尽管双方所签署的《补充协议》确认张某拥有10万股股权，但该协议中明确载明"2011年4月授予乙方（张某）的10万股权由乙方继续持有"，而双方劳动合同变更书恰于2011年4月签订，约定公司授予张某10万股期权。基于此，法院选择相信张某与公司所签订的《补充协议》约定确系期权，而非股权。公司险胜。

但可以推测，公司的麻烦并不会到此为止，即便张某持有的是期权，一个离职员工持有公司10%的期权，带着这样的镣铐，公司后续如何融资，如何上市？虽然员工张某输了一场战役，但仍然处于战略高地上，相信如果公司想要卸下这幅镣铐，最终也只能让步妥协。

二、上市公司股权激励经典案例

（一）某家纺企业股权激励案回顾

某家纺企业股权激励始于公司上市之前。2007年6月，该家纺企业制定和通过了《限制性股票激励计划》，公司以定向发行新股的方式向激励对象发行了700万股限制性股票。

2008年3月，因该家纺企业向证监会申请上市，为配合上市要求，该企业终止了《限制性股票激励计划》，将所有限制性股票转换为无限制性的普通股。同时余某、周某等人向该家纺企业公司出具《承诺函》称，自《承诺函》签署日至公司上市之日起3年内，本人不以书面的形式向公司提出辞职、不连续旷工超过7日、不发生侵占公司资产并导致公司利益受损的行为，若违反上述承诺，自愿承担对公司的违约责任并向公司支付违约金。

2008年7月起至2009年9月，余某、周某等部分非创业股东向该家纺企业提出辞职申请，并先后离开公司。余某、周某等人离职后，均跳槽至该家纺企业主要竞争对手之一的SX家纺公司，余某时任SX家纺公司副总裁，周某时任SX家纺公司渠道总监。2012年12月26日，该家纺企业向南山法院对余某、周某等21名前自然人股东就《承诺函》违约金纠纷一事提起诉讼，要求判令各被告分别赔偿违约金累计8 121.67万元。

（二）案件的争议焦点

原告方观点认为，本案属于合同纠纷；被告方观点则认为，本案属于劳动争议纠纷。

深圳市中级人民法院终审裁定认为，该家纺企业公告该案系合同纠纷，原审法院对该案有管辖权。同时，该家纺企业案中被告的股权收益是依股东身份而获得的，不适用劳动法，适用于民商事法律规范调整。案件中的原告及被告双方未将股权收益作为劳动报酬，股权收益也从未以劳动报酬的考核方式予以考核发放。

我国工资收益和股权收益有明确划分，其中工资收益是因劳动身份而取得，股权收益则基于股东身份而取得。两种收益在个税计算、经济补偿金计算、社保缴费基数计算等方面也存在着明显的差别。

原告该家纺企业依据《承诺函》向被告主张"违约金"。被告在《承诺函》中明确"是以优惠的条件获得上述股份"，因此承诺一定时期内不向公司提出辞职，且不发生损害公司利益的行为，否则"自愿承担对公司的违约责任并向公司支付违约金"。《承诺函》中的"违约金"完全依据被告股东身份做出，不适用劳动法调整，而适用民商事法律规范调整。

（三）最终判决

法院认为，被告向公司出具的《承诺函》的内容，是基于公司给予其购股资格成为股东后而做出的承诺，并非劳动者为了获取工作机会而做出的承诺，承诺内容并非公司与被告对劳动合同的补充，应适用于合同法及公司法，而不适用合同法。被告通过出具《承诺函》获得了收取涉案股票差价利益的机会，同时承担"自本承诺函签署日至公司申请首次公开发行 A 股并上市之日起 3 年内，本人不以书面形式向公司提出辞职、不连续矿工 7 天"等义务，这符合民事合同公平、等价的原则。被告出具《承诺函》的内容并没有违反法律、行政法规的强制性规定，该《承诺函》对被告有约束力。

经南山区人民法院审判委员会讨论决定，判决被告于判决生效之日起 10 日内向原告深圳市该家纺企业家居用品股份有限公司支付违约金 189.89 万元及利息，如未按判决指定的期间履行金钱给付义务，将加倍支付延迟履行期间的债务利息，此次案件诉讼费用由被告全额承担。

被告上诉后，二审法院最终维持了一审法院判决，该家纺企业获得了最终的胜利。

（四）案例启示

该家纺企业为激励员工授予员工股权，本是为提升员工福利、鼓励员工而进行的股权激励，结果却变成与激励授予员工对簿公堂，该事件值得 A 股上市公司及拟上市公司重视。

当前有大量的上市公司、拟上市公司在实施股权激励计划，该家纺企业事件的典型性，让我们可以去重新思考、去审视、如何制定合理的股权激励政策。

本案也反映出该家纺企业股权激励方案存在诸多缺陷，其中之一在于员工以自然人方式直接持股上市公司。许多企业上市后，在不到一年的时间内高管纷纷辞职，难逃减持套现嫌疑，这与股权激励的出发点是背道而驰的。因此，企业应通过设立持股平台的方式完成股权激励，以加强公司对激励对象的控制，保证激励对象的稳定性。在此模式下，员工可通过持股平台（合伙企业或有限责任公司）间接持股上市公司主体，实际控制人可通过公司章程或合伙协议做出特殊规定，更方便地限制和管理员工的股权变动，扩大或者减少员工持股安排的受益人群，避免影响拟上市主体本身的股本结构。

在现有法律法规及政策范围下，上市企业更倾向于以成立有限合伙企业持股平台的形式完成股权激励。在持股平台中，上市企业实际控制人或授权代表作为普通合伙人，激励对象作为有限合伙人，以实现企业、创业者与激励对象的共赢。

第四节　股权激励中的疑难法律问题

关于受激励的企业员工与企业的关系，在实行股权激励之前，二者之间只存在劳动关系，员工接受了股权激励成为企业的股东之后，二者之间又产生了"股东—公司"关系，员工既是劳动者，又是股东。这两种关系的建立，既有先后顺序，又相互独立，受不同的法律规范调整。劳动关系受劳动法调整，而股东与公司的关系作为典型的商事关系则应受到民商事法律的调整。

一、劳动关系

劳动关系的主体包括劳动者、雇主以及可能的工会组织，具有身份性、从属性、用工方的控制组织性和经济性的特征，如工资、保险、福利、安全卫生保障等。如前所述，劳动关系主要受劳动法调整，而劳动关系的从属性等特征凸显了劳动关系的双方不平等，因此，劳动法应对处于弱势地位的劳动者进行倾斜保护。

企业的高级管理人员也受雇于企业，但因其处于雇用、支配其他劳动者的特殊地位，劳动者所具有的从属性在他们的身上体现得并不明显。因此从劳动法的规范对象和适用范围的角度出发，学界出现了关于企业高级管理人员是否属于劳动关系中的劳动者及其是否应受劳动法保护的争论。但根据《劳动合同法》及相关法律法规的规定，我国现阶段并未将企业的高级管理人员排除在劳动法的适用对象之外。

二、股东与公司的关系

一般来说，自然人或法人通过向公司认购股份，取得股东资格，享有表决权、知情权、利润分配权、转让出资或股份权等一系列股东权利，承担遵守公司章程、足额缴纳认股款等义务。企业也可通过股权激励计划使部分员工获得企业的股份，从而成为企业的股东。在某家纺企业股权收益纠纷案中，被告通过公司的股权激励计划，成为公司的普通股东，其与该家纺企业之间基于员工身份和股东身份建立起双重关系。

三、双重关系导致的法律适用争议

通过股权激励计划授予相关员工的股份，一般价格都较市场交易价格低，目的是激励员工更好地运用自身经验、技术和学识帮助企业发展，同时解决公司股东与经营者之间的利益冲突，完善公司治理结构，实现人力资本的充分利用。

但是，企业作为成熟的商事主体，趋利避害是其必然选择，因此，在实施股权激励计划时通常都会考虑到激励所面临的个人机会主义风险。基于此，企业通常会对这部分股权的行使设置一定条件，包括业绩、年限要求等，保证在激励员工的同时，维护企业自身的利益。

该家纺企业也采用了这样的方式，在通过员工持股模式进行股权激励的同时，要求员工签订《承诺函》，内容主要包括限定辞职期限，约定违约金等。然而这些限制性条款，却出现了侵犯劳动者基本劳动权的情况，从而导致争议的出现。

首先，双方在《承诺函》中约定，自本承诺函签署日至公司申请首次公开发行并上市之日起 3 年内，本人不以书面的形式向公司提出辞职。仅仅从表述上讲，这一条款就有侵害劳动者辞职权之嫌。虽然最终深圳法院认定，承诺内容并非原告与被告对劳动合同的补充，而是在被告获得了以优惠价格购买原告的股票的资格后做出的承诺。员工按照优惠价格购买了公司股份，成为公司股东，公司对股东的行为进行适当限制是公平的。所以，对《承诺函》效力的认定应适用合同法及公司法，而不适用劳动合同法。但在实践中，对上述问题还存在很大的争议。

其次，双方还在《承诺函》中约定了违约金条款，承诺若发生 3 年内辞职等情形，应向公司支付违约金，并附上了违约金的计算方式。对于劳动者与用人单位间违约金的约定，劳动合同法有非常严格的规定。劳动合同法在劳动关系双方约定违约金的问题上采用了限制违约金的模式，根据不同的情况，有条件地适用违约金。可约定违约金的情形仅限于劳动者违反服务期和竞业限制约定两种情形。在其他任何情况下，劳动者和用人单位之间都不得约定违约金条款。

基于此，有观点认为，该家纺企业与激励对象通过《承诺函》约定违约金条款，不符合违反服务期或竞业限制的约定。对此，关于《承诺函》中约定"违约金"的性质，深圳法院认为激励对象认购该家纺企业增发的股份，双方建立新增资本认购合同关系，激励对象的合同义务是按时足额缴纳认股价款，而且其义务仅限于此。激励对象提前离职并非《限制性股票激励计划》或后续《承诺函》约定的违约行为，而是股权关系中的回购条款或收益限制条款的生效条件，当该条件成就时，该家纺企业有权按《限制性股票激励计划》回购股份，或有权按《承诺函》限制激励对象获得收益，激励对象应依约将受限制部分的股份投资收益（即"违约金"）返还给该家纺企业。但在实践中，对上述问题还存在很大的争议。

因此，在股权激励计划中，出于对企业利益的保护，防范道德风险，防止激励对象产生机会主义心理，企业与激励对象订立行权条件以及限制条款是被允许的。在具体实施过程中，企业在设计相应的限制条款时，应当明确条款的性质、适用条件范围、适用时限等问题，准确措辞，明确回购时的定价方式及计算方法，积极履行告知义务。

在可选的情况下，公司应尽量采用附条件（如锁定条件以及处分或回购限制）的股权激励，而不是为了吸引优秀人才，简单无条件地授予员工股权，否则员工离开公司时会给公司造成股权上的遗留问题，很难处理。即使采用期权，也需要注意期权激励与劳动关系之间的衔接。

例如，在北京高院和最高人民法院的相关案例中，法院支持了员工在签署离职协议（确认劳资双方权利义务终止）后仍向公司主张股票期权的要求，因为在期权协议中，未规定必须在劳动关系存续期间行使股票期权，而且离职协议也没有明确终止与劳动者之间的期权协议。

在股权期权争议的司法裁判中，尽管统计起来公司胜诉概率远远高于员工，但公司仍需清醒地认识到，其主要原因在于这些诉讼主张大多是在劳动争议中提出，尽管审议劳动争议的法院大都不支持合并审理股权期权争议，但员工仍然可以单独另行提起股权期权诉讼，在这一类诉讼中，员工胜诉的概率要大得多。

特别值得注意的是，有些法院近年来已经改变立场，开始支持在劳动争议中处理股权期权纠纷，这将导致员工诉讼成本降低，诉讼可能性及成功率都会增加。2015年6月，北京一中院在其公开的一个判决中认定，"股票期权实质上是公司向员工提供的一种福利待遇，应纳入劳动争议处理"。在该案件中，虽然授予员工的股票期权在境外上市，但该法院认为，股票期权系基于员工与境内子公司之间的劳动关系而取得，股票期权行权的实现，与员工在境内子公司的服务期限、劳动关系是否终止等有关，故境内子公司是适格的被告。

这意味着，股权期权激励计划所面临的法律挑战已经越来越大。公司需要更加严谨的激励方案以及专业律师的法律建议。

第五章
股权加速器2.0版：事业合伙人

> 古语云：不患寡而患不均，共患难易共富贵难。商业社会，企业创始人之间需要相对合理的利益分配机制来维系，合伙人之间的关系要长久，至少需要基于股权来体现能力水平差异上的相对平等。

第一节 超越股权激励的事业合伙人

一、何为事业合伙人

滚滚长江东逝水，浪花淘尽英雄！

我国四大名著之一的《三国演义》不仅是一部英雄赞歌，更是一部充满血与泪的创业史。话说东汉末年，汉失其鼎，四海分崩，天下英雄共逐之。论能力，论出身，刘备差曹操、孙权不是一星半点儿，但刘关张兄弟齐心，最终三分天下有其一。

传统的君臣关系中，伴君如伴虎，结局往往是"狡兔死，走狗烹；飞鸟尽，良工藏"。宅心仁厚者如宋太祖赵匡胤，杯酒释兵权；粗暴者如明太祖朱元璋，共同创业的小伙伴们更是几无幸免。

与他们相比，三国时期的刘关张三人却是兄弟合伙创业的一股清流。据《三国志》记载，刘备不爱说话，但能善待他人，喜怒不形于色，喜欢结交豪杰壮士。刘备、关羽、张飞，三人一见如故、志趣相投，桃园结义，核心创业团队组建完成。

纵观刘关张创业史，从寂寂无闻到三国鼎立，为后世创业者提供了很多可以借鉴的经验。

兄弟三人，打造了三国里面最稳固也是战斗力最强的合伙人模式。《三国志》中如此描述三人的关系：刘备与关羽、张飞二人"寝则同床，恩若兄弟"。刘备是最高决策人，关羽、张飞则是忠诚、高效的执行者。三人之间的关系不单纯的为君臣关系，更是一个在共同理念基础上的事业共同体和命运共同体。

往事越千年，我们把视野拉回到现代商业社会。

现代社会的商战，虽然不再有性命之忧，但激烈复杂程度不次于过去的战争。单靠一个人单打独斗、包打天下的时代已经过去，事业合伙人制现在已经成为中国企业普遍采用的一种企业成长机制。

2018年7月9日在港上市的XM公司就是一个现代事业合伙人制的典型案例，作为香港资本市场第一家"同股不同权"的上市企业，其"新中式合伙人制"展现出在聚合人才方、资本方与资源方，共同创业打大仗的巨大威力。

八年前的2010年4月6日，在北京市海淀区银谷大厦的一间办公室，13个早期创始人一起喝了碗小米粥。今天，有9个人还依然活跃在XM公司的各个重要岗位上，2018年7月9日XM公司上市后，粗略估算，每人都身价过亿。

创业8年，从小米加步枪到465亿美元市值，该公司"现象级"的商业成就，让我们看到了事业合伙人制的巨大威力。

那么到底什么是事业合伙人制？和我们常说的股权激励有什么样的关系？

首先，与传统股权激励注重分享企业的红利相比，事业合伙人制是去中心化的思维，在本质上更注重于打造企业家群体。而股权激励则是从创始人的角度出发，你干得好，就给根胡萝卜，短期的是奖金，长期的是股权，所以仍然是雇用和被雇用的关系。

其次，事业合伙人是高度认同组织价值观，承诺并力行组织目标与原则的群体。合伙人各方依据贡献的大小，包括资金的贡献、能力的贡献、智力的贡献、资源的贡献，形成合作股权的比例，然后赚取短期的收益价值和长期的资本价值。

最后，事业合伙人制也不等于资源整合。在一个去中心化的思维或互联网思维中，没有谁是希望被别人整合的。资源是一个生态系统，人才和人才之间也具有生态关联性。事业合伙人实质上是在企业内部建立起企业家的共同体，这群人抱有共同的理念，共同的价值观，有共同的追求，为了一个共同的目标而奋斗终身。

因此，事业合伙人制是企业为适应知识经济时代的发展要求，真正激发知识资本的创造力而设计的一种内部制度安排。建立这样一支队伍，在分配环节要共同参与，它是股权激励的升级2.0版本。

二、为何当今时代需要事业合伙人制

1. 企业家的二次创业呼唤事业合伙人制

传统的企业类型或者重资产的行业，创始人的股权往往比较集中，一股独大的情况比较普遍。但随着企业的发展，普遍到了需要以创新来带动成长的二次创业阶段。实现二次创业，就需要改变以往创始人或主要经营者承担责任、制定决策、引领发展的局面，需要打造出一支团队创业的企业家队伍。这支队伍要能够共创共担共享，要能够支撑战略转型与落地，要能够高度认同并传承企业文化，要能够持续激发奋斗热情，还要能够保证企业具有应对基于未来挑战的核心能力。

2. 获取关键人才的要求催生事业合伙人制

与传统行业不同，21世纪企业的竞争体现为创新竞争，具有创新精神与能力的关键人才，就成为企业争夺的最有价值的资源。如何获取关键人才？让他们单纯地去打工已经不现实了。从现实的角度来说，创业期的企业必须以未来的股权收益来吸引优秀的人才，这样也能减少企业的当期成本，从而在市场上更有竞争力。在人的价值不断彰显的今天，企业不得不把人才纳入合伙人的行列，与他们共同决策企业命运，共享企业的经营成果。

3. 资本市场的发展使得事业合伙人的变现乃至退出具有可操作性，并成为普遍现象

如果没有股权市场或者资本市场的繁荣，事业合伙人制也难以发展。

我国目前的资本市场还未能适应如今企业家创新创业的需求，但在可预见的未来，以主板、中小板、创业板、新三板为架构的多层次资本市场必将为事业合伙人提供更广阔的舞台。

4. 现代管理方法、技术使得事业合伙人贡献核算成为可能

任何管理机制都是以信息技术为基本保障的，信息技术发展不到位，管理机制就无法落地。目前，管理领域的信息技术越来越先进，可以精准核算一个经营单元甚至一个部门的收益与成本，这使得衡量事业合伙人的贡献成为可能。

鉴于合伙人架构的面向未来性，以做大蛋糕再分蛋糕为出发点，如何考核合伙人的贡献值就成了一个必须讨论的问题。如果没有一个完善、公平的考核机制，合伙人架构从根本上就无法发展壮大。

三、怎样设置事业合伙人机制

基于人的本性，设计事业合伙人制就是要创造一种机制，通过这一套机制，让员工为自己奋斗的同时也为公司创造价值，这个时候这名员工也就成了一个"无私"的人。

从人才范围上来讲，有如下四方面特征的人才需要纳入合伙人机制，分别是专业技术人才、业务营销人才、管理运营人才、资本金融人才。所谓的事业合伙人制，就是把这几类人才通过一种共担共创共享的机制，在企业内部集聚，从而激发人才活力。

但在现实中，许多企业虽推行事业合伙人制，但实质上却是普惠制，动辄上百人成为合伙人，那就变成了大锅饭、撒胡椒面，最后真正愿意奋斗的人拿不到该拿到的激励收入，这时的激励往往是失效的。一般而言，如果业务规模在10亿以下，对整个公司承担责任的一级合伙人，不应该超过10个。其中，公司的一级合伙人，对整个公司承担完整责任；二级合伙人，对某个局部承担完整责任。

在企业内部，可通过内部股权的交易与公司层面的回购进行操作。比如某公司占有其一家公司或者业务线80%的股权，子公司或业务线团队占有20%的股权，这时公司会创造一个内部股权的交易市场，当子公司或者业务线创造2 000万的利润时，公司会以10倍的 PE 回购。此时子公司或业务线的估值将达 2 亿元，20% 的股权价值可达 4 000 万元。

每个人为自己去奋斗，同时也为公司创造价值。有些人不想赚取短期利益，还可以通过股权的置换，成为公司的一级合伙人，与这个公司形成更长远的利益绑定关系。这也形成了人才的迭代和优胜劣汰。每个人都在为自己奋斗，不是在为公司奋斗，会更有动力与自觉性。

总之，事业合伙人制是一种企业成长和人才发展的机制，是一个涉及企业战略转型、公司治理结构优化、组织与人的关系重构的系统工程，同时也是一种新的人才生态。它尤其适合重知识、轻资产、创业期、战略转型变革期等真正要凝聚人才、激发每个人的创造活力的企业。在实施过程中，应强调精英合伙制，不太主张全员合伙制；在与上下游合作伙伴的关系上，通过相互参股和平台化管理，有效打通上下游资源。

第二节 事业合伙人制下的案例分析

一、深圳某知名房地产集团的事业合伙人制与跟投制

中国企业的发展，普遍到了需要以创新来带动成长的二次创业阶段，实现二次创业，就需要改变以往创始人单打独斗的局面，需要打造出一支优秀的企业家队伍。

当前几家大企业帐下都是人才济济：AL 电商公司创始人手下最早有十八罗汉，后期更是猛将如云；HW 电信公司创始人创业多年，身边的企业家从早期的李某某，到如今的余某某，战斗能力值爆表；作为上市公司管理标杆的知名房地产公司 WK 集团，也不是

一个人在战斗，以郁某为首的管理层将公司治理得井井有条。

在2015年"BW股权之争"时，于风雨欲来之际，该知名房地产集团业绩依然持续增长，人员依然保持稳定，事业合伙人和项目跟投制起到了凝聚团队的重要作用。

其实质在于，早在20多年前该地产企业创始人王某就提出人才是该知名房地产集团的最大资本，持续通过事业合伙人制和项目跟投制，把员工变成合伙人。这在资金密集型的房地产行业是引领时代的，后期也被许多房地产企业效仿学习。

1. WK集团的事业合伙人制

WK集团作为优秀上市公司，对公司的盈利能力和发展前景非常自信。2014年4月，该知名房地产集团开始了事业合伙人的尝试，要求集团员工自己掏钱购买公司的股票，跟股东同呼吸、共命运。

（1）事业合伙人制的参与人员

2014年4月23日，WK集团召开事业合伙人创始大会，首批1 320名集团员工在摄像头见证下签署了《授权委托与承诺书》，他们包括以下人员：

1）在公司任职的全部8名董事、监事以及高管；

2）集团公司总部一定级别以上的员工；

3）地方公司一定级别以上的员工。

（2）事业合伙人制的资金来源

管理团队的年度奖金不分配，设立事业合伙人集体奖金账户，每期奖金封闭运行3年，封闭期内不兑付到具体个人，引入融资杠杆交给第三方用于购买WK集团的股票。

在资金额度方面，高管有下限要求，投入资金不得低于一定数额，以确保高管和股东利益的捆绑；非高管的员工有上限要求，投入资金不能超过一定金额，以降低股价波动给员工带来的风险。

（3）事业合伙人制的操作方式

WK集团合伙人持股计划是以有限合伙持股平台的方式设立资管计划，以资管计划购买公司的股票。公司高管作为普通合伙人承担高风险，外部的融资和一般员工作为有限合伙人承担低风险。

通过上述操作，WK集团管理层拿出真金白银购买公司股票，还加了杠杆，实现了从职业经理人到事业合伙人的转变。

2. WK集团的项目跟投制

事业合伙人制的参与人群主要是管理团队，大量员工和地方子公司、项目公司没参与进来，WK集团随后推出了项目跟投制，即项目公司的操作团队必须拿出自己的钱和公司共同投资、共担风险。

（1）项目跟投的参与人员

1）项目所在区域公司管理层、项目管理团队必须跟投；

2）其他员工可自愿参与跟投。

（2）项目跟投的资金占比

2014年4月刚实行时，员工跟投总额不超过项目资金的5%；总公司对跟投项目另外再跟投不超过5%，对于上述公司的跟投额度，员工可在未来18个月内，按人民银行同期同档次贷款基准利率支付利息后，额外受让此份额。后期经过了多次演变，如今的版本是跟投总额不超过项目资金的10%，取消追加跟投的安排。

（3）项目跟投的收益分配

跟投制推出时，跟投人与WK集团按投资比例分配收益。

在2017年1月的第三版制度修改中，加大了跟投人的责任和风险。即在项目效益一般时，收益可能全部归WK集团所有，跟投人可能没有收益；在项目收益较好时，跟投人才能按投资比例分配收益；在项目收益很好时，跟投人才能得到超过投资比例的收益。

（4）项目跟投的具体操作

WK集团在公司内建立内部项目通报平台，任何一个地方公司若有新的可跟投项目，就会在集团内网展示具体项目情况，启动认购程序，员工可自愿选择跟投或不跟投，跟投者需交钱至负责人处，操作流程为系统公示—认购—交钱等待收益分配。

（5）项目跟投的实施效果

实行项目跟投制带来的改变是显而易见的，跟投制让员工保持主人翁意识、经营意识、利益捆绑意识、背靠背信任和团队意识，能有效提升组织能力、经营能力，从而做好产品，有效增加公司的价值。

同时，从客观结果来说，实施跟投制也有利于员工收入的提升。根据WK集团的统计，截至2015年8月，该集团一线人员累计跟投92个项目，共有2.7万人申请跟投，员工收益率达29.4%，其中一线城市跟投回报率甚至达到70%。

受益于上述优秀的制度设计，该集团的股东回报率和公司运营管理一直非常优秀，被许多的企业所效仿、学习。

二、AR眼科的子公司项目跟投合伙人计划

子公司项目跟投制的事业合伙制，完全可以按照项目的多少进行设计，不受项目数量的限制，但每一个项目的合伙人一般不超过50人。因此，这种模式深受房地产、民办医院、民办学校以及需要

在各地设立子公司的企业青睐。

1. AR 眼科医院集团股份有限公司"合伙人计划"

AR 眼科于 2003 年在长沙成立，是一家眼科医疗机构，主要向患者提供各种眼科疾病的诊断、治疗及医学验光配镜等眼科医疗服务。公司于 2009 年登陆创业板，目前已经成为我国规模最大的眼科专科医疗机构。AR 眼科的发展模式可总结为以下两种。

（1）在外延扩展上采取收购的方式

截至 2019 年，AR 眼科已在国内 30 个省、自治区、直辖市建立 290 余家专业眼科医院。2020 年，AR 眼科开设了 8 个中心城市医院、20 个省会城市医院、200 个地级市医院和 1 000 家县级医院。

（2）在内部管理与分配上采用合伙人制

2014 年 4 月 AR 眼科推出了合伙人计划，首先在全国范围内选出一批医疗技术与管理能力兼备的优秀眼科医生。然后，这些筛选出来的医生会作为合伙人股东参与投资设立新医院。在新医院达到一定盈利水平后，AR 眼科通过发行股份、支付现金或两者结合等方式，以公允价格收购合伙人持有的医院股权。

公司通过合伙人计划，对新医院的治理结构进行战略性调整，改变核心医生执业的生态环境，推动组织效能升级，达到院际资源共享的聚合效应，形成共创共赢的合伙人文化，从而为公司实施创新发展战略和业务倍增计划提供强有力的引擎。

2. 合伙人计划的发展背景

（1）2013 年 9 月，《国务院关于促进健康服务业发展的若干意见》出台，明确了到 2020 年健康服务业总规模达到 8 万亿以上的发展目标。2013 年 12 月，国家卫计委、国家中医药管理局发布《关于加快发展社会办医的若干意见》，十八届三中全会鼓励社会办医的指示精神加快落实，社会办医的生存环境逐步改善，中国医疗行业面临前所未有的发展机遇。

（2）随着医疗水平的稳步提高，市场重心将不断下移，医疗机构向地市、县域延伸，进一步贴近基层患者，这将成为行业的发展趋势。与此同时，随着医师多点执业的有序推进，优质医疗资源的横向、纵向流动将不断加快。拥有更多执业平台、更好激励措施的医疗机构，将在未来市场竞争中占据主动地位。

（3）AR 眼科成立 11 年来，已经在品牌、人才、网络、资本市场等方面形成了先发优势。公司抓住了这个历史性机遇，进行二次创业，大力提高技术水平和管理效率，不断完善分级连锁模式，加快以地级市为重点的基层网络建设，配套创新人才战略和激励机制，以进一步分享医疗改革红利。

3. 合伙人计划的实施

（1）实施方式

合伙人计划采取有限合伙企业的实施方式。公司下属子公司作为合伙企业的普通合伙人，负责合伙企业的投资运作和日常管理。核心人才作为有限合伙人出资到合伙企业，享有合伙协议及章程规定的权利，同时履行相应的义务。公司对合伙人进行动态考核，包括其本职岗位的工作业绩及作为合伙人的尽责情况。

合伙企业可视各省区新医院投资的进展情况分期设立。合伙企业成立后，与公司或 AR 并购基金共同设立新医院。

（2）管理组织

为确保计划管理到位、推进有序、激励有效，公司总部设立合伙企业的实施细则及实施进度，审批、督导各省区的计划方案。各省区成立计划实施小组，负责拟订并实施本省计划方案，对合伙人履职情况进行动态考核。

（3）资格认定

以下人员可以纳入合伙人计划：

1）对新医院发展具有较大支持作用的上级医院核心人才；

2）新医院（含地州市级医院、县级医院、门诊部、视光中心）的核心人才；

3）公司认为有必要纳入计划及未来拟引进的重要人才；

4）公司总部、大区、省区的核心人才。公司授权合伙人计划领导小组决定具体名单。

（4）投资与出资额分配

合伙企业的出资规模依据新医院的数量及投资总额确定。新医院将由公司或AR并购基金与合伙企业共同出资设立，股权比例由公司根据各家新医院的实际情况决定。

合伙人在各自额度内认缴出资。在设立地级医院时，省区医院及总部的合伙人按照各地级市新医院的投资进度分期出资，地级市医院的合伙人在各自所在医院设立时一次性出资到位。

在设立县级医院（含门诊部、视光诊所）时，地级市医院的合伙人按照各县级新医院的投资进度分期出资到位，县级市医院合伙人在所在医院注册成立时一次性出资到位。

4. 合伙人计划的收益分配与权益转让

（1）收益分配

合伙企业经营期限一般为3~5年。若因项目实际需要，可延长或缩短经营期限。为了体现公司对合伙企业的支持，普通合伙人对合伙企业不收取管理费。合伙企业在取得收益并扣除各项运营成本、费用后，按照各合伙人的出资比例分配利润。

（2）权益转让

在合伙企业存续期间，若发生合伙人离职、被辞退或开除等情形，其所持合伙企业权益必须全部转让。合伙人在公司任职期间，有权转让其部分或全部合伙权益。合伙人在出现退休、丧失工作能力或死亡等情形时，其合伙权益可以转让，也可以由亲属继承。

在上述情况下，合伙权益的受让人仅限于普通合伙人及其同意的受让人（现任或拟任合伙人）。

AR眼科通过上述合伙人计划的制度性安排，形成共创共赢的合伙人文化，从而为上市公司实现收购和不同地区子公司的发展提供了源源不断的推动力。

借助"并购＋城市合伙人"模式的双轮驱动，AR眼科发展迅速，同时也在资本市场受到了广大投资者的认可，公司最终也实现了千亿市值，成为上市公司医疗第一股。

与此同时，AR眼科的扩张之路还在继续，中信产业基金、众生药业、阳光眼科等将走进其"朋友圈"，成为公司的战略投资者，AR眼科又以发行股份方式引进高瓴资本和淡马锡，并且再次启动了海外市场的大并购，构建"眼健康生态圈"，并将此举称为"二次创业"。

2020年上半年，受疫情冲击，AR眼科经营业绩遭受重创。但并未打击到二级市场对AR眼科的热情，疫情防控期间其市值首次突破2 000亿元大关，达2 060亿元，位列A股上市医药公司第5名。

三、案例点评

创造剩余价值与分配剩余价值的矛盾，是企业运营中的千古难题。剩余价值在创造价值的管理团队之间，按照贡献值进行分配，无疑是符合共创、共享精神实质的。因此即便 WK 集团的合伙人制受到了股东乃至舆论的质疑，但客观来说，该集团在房地产发展的黄金时期，一直屹立潮头，合伙人制乃至跟投制功不可没。

与此同时，AR 眼科也借助合伙人制度与资本市场，在自身领域取得了跨越式的发展，目前也是行业标杆。

毋庸讳言，时代大潮乃至经济大环境、行业小环境都在发生深刻、急速的变化，野蛮生长的高速增长期或将一去不复返，各种隐藏的矛盾也会显露出来，给合伙人制带来更大的挑战与质疑。

但只要坚持共创、共享的精神实质，坚持与时俱进的发展思路，把事业合伙人制运用得当，无疑仍将发挥巨大的威力，创造更多的辉煌。

第三节　事业合伙人股权架构相关协议示例

一、公司核心合伙人协议书示例

甲方（为本项目之第一原始发起人）：

姓名：　　　　　　　　　　联系电话：

身份证号码：

通讯地址：

邮箱：

乙方（为本项目之第二原始发起人）：

姓名：　　　　　　　　　　联系电话：

身份证号码：

通讯地址：

邮箱：

丙方（为本项目之第三原始发起人）：

姓名：　　　　　　　　联系电话：

身份证号码：

通讯地址：

邮箱：

丁方（为本项目之第四原始发起人）：

姓名：　　　　　　　　联系电话：

身份证号码：

通讯地址：

邮箱：

公司核心合伙人经充分讨论、友好协商，就合作投资、共同创业事宜，达成以下一致意见，以资共同遵守。

第一条　标的公司概况

标的公司为在_____市_____区注册的_____有限责任公司，现有工商登记名义股东两人，分别为_____，占股_____；_____，占股_____。

第二条　公司投入及股东权益比例安排

1. 出资承担：公司前期预计投资_____元，在_____元限额内，甲方与乙方按照_____的出资比例进行承担，丙方以其工资差额部分进行出资，丁方以技术劳务人力资本出资。

超出_____元投资后，如有后续投资，四方按照权益比例以同等条件承担。合伙人权益比例如下：甲方占____%，乙方占____%，丙方占____%，丁方占____%。

2. 持股平台：甲乙丙丁四方同意设立持股平台，即将公司____%的股权由各位股东同比例划入持股平台，用于后续引入人才的股权激励及对公司高级管理人员的股权激励。

持股平台设立后，项目公司的股权权益比例如下：甲方占____%，乙方占____%，丙方占____%，丁方占____%，持股平台占____%。

上述持股平台中的股权由甲方、乙方暂为代持，其中甲方或者其指定的人员担任持股平台的普通合伙人（执行合伙人），乙方或者其指定的人员担任持股平台的有限合伙人。

上述持股平台股权如暂时未分配给被激励对象，则代持期间所获得的收益归公司全体股东按照权益比例共同所有，待公司后续引入的人才到位后，该部分股权即划转至被激励对象，由被激励对象享有相应的权益。

第三条　预留股权特别约定

1. 为保持公司后续发展及股权激励之需要，四位合伙人同意预留公司30%的股权作为持股平台；

2. 该预留股权可用于后续核心人才的引进，具体比例及方式另行商定；

3. 对于公司现有的管理层人员，可根据其年度贡献值及担任的职位，通过本持股平台进行股权鼓励，具体比例及方式另行商定；

4. 对于为公司发展做出贡献的人士或者上下游合作伙伴，公司在后续增资扩股引入股东的过程中，在同等条件下优先给予考虑。

可放入本持股平台，统一管理，具体比例及方式另行商定。

第四条　核心合伙人股东的权利义务

1. 享有资产收益、参与重大决策和选择管理者等权利；

2. 股东按本协议约定比例和公司章程享有表决权；

3. 股东按股权比例享受利益分配权；

4. 不参与管理的股东有权查阅、复制公司章程、股东会会议记录、董事会会议决议、监事会会议决议和财务会计报告。公司每季度向不参与管理的股东提交上述文件与报告。

第五条　核心合伙人股东权益的转让及继承

公司成立后的三年内，合伙人不得转让其股东权益，全体合伙人一致同意的除外。

超过上述期限后，任何一方转让其部分或全部出资额时，在同等条件下其他合伙人股东有优先购买权。违反上述规定的，其转让无效。

有限责任公司的股东之间可以相互转让其全部或者部分股权。股东向股东以外的人转让股权，应当经其他股东过半数同意。股东应就其股权转让事项书面通知其他股东，其他股东自接到书面通知之日起满三十日未答复的，视为同意转让。其他股东半数以上不同意转让的，不同意的股东应当购买所转让的股权；不购买的，视为同意转让。

经股东同意转让的股权，在同等条件下，其他股东享有优先购买权。两个以上股东主张行使优先购买权的，协商确定各自的购买比例；协商不成的，按照转让时各自的出资比例行使优先购买权。

自然人股东死亡后，其合法继承人是否继承股东资格，须经股东会讨论，取得三分之二以上表决权通过方可继承股东资格，否则按照公司净资产退出。

公司章程对股权转让及继承另有规定的，从其规定。

第六条 一致行动协议及公司运行特别约定事项

为解决激烈的市场竞争下的公司决策效率问题，避免公司运营僵局局面的出现，现就公司运营过程中的重大事项约定如下：

1. 全体核心发起人股东按本协议约定的股权比例享受分红及收益权，代持部分所有分红及收益归公司所有。

2. 各方一致同意，在处理有关公司经营发展且根据公司法等有关法律法规和公司章程需要由公司股东会、董事会做出决议的事项时均应采取一致行动。

3. 采取一致行动的方式为：就有关公司经营发展的重大事项向股东会、董事会行使提案权和在相关股东会、董事会上行使表决权时保持一致。

经各方同意，本协议有效期内，在任何一方拟就有关公司经营发展的重大事项向股东会、董事会提出议案之前，或在行使股东会或董事会等事项的表决权之前，一致行动人内部先对相关议案或表决事项进行协调。

4. 内部协调机制及重大事项决定权：经各方一致同意，就公司的重大发展方向及核心决策进行充分的民主协商，如有不同意见，四位核心合伙人应充分听取意见，并承诺就上述不同意见举行不少于两轮的专题会议，让各方充分发表意见，必要时也可以听取外部专家的专业意见。

如历经上述两轮会议后，仍无法就上述议题达成一致意见时，为避免公司僵局的出现，各方同意以公司大股东的意见为准。

第七条 财务、会计

1. 公司应当依照法律、行政法规和国务院财政主管部门的规定建立公司的财务、会计制度。

2. 公司在每一会计年度终了时，应制作财务、会计报告，并依法经审查验证。

3. 公司在每一营业年度的前3个月，编制上一年度的资产负债表、利润表和利润分配方案，提交董事会审议通过。

4. 财务会计报告应当在召开股东会的20日前置备于本公司，供股东查阅。

5. 公司分配当年税后利润时，应当提取利润的10%列入公司法定公积金。公司法定公积金累计额达到公司注册资本的50%以上的，可以不再提取。

6. 公司的法定公积金不足以弥补以前年度亏损的，在依照前款规定提取法定公积金之前，应当先用当年利润弥补亏损。

7. 公司从税后利润中提取法定公积金后，经股东会决议，还可以从税后利润中提取任意公积金。公司弥补亏损和提取公积金后所余税后利润，按照股东持有的股份比例分配，但股份有限公司章程规定不按持股比例分配的除外。

8. 股东会或者董事会违反规定，在公司弥补亏损和提取法定公积金之前向股东分配利润的，股东必须将违反规定分配的利润退还公司。公司持有的本公司股份不得分配利润。

9. 公司应当向聘用的会计师事务所提供真实、完整的会计凭证、会计账簿、财务会计报告及其他会计资料，不得拒绝、隐匿、谎报。

10. 公司除法定的会计账簿外，不得另立会计账簿。对公司资产，不得以任何个人名义开立账户存储。

第八条 合营期限

1. 公司经营期限为 20 年。营业执照签发之日为公司成立之日。

2. 合营期满或提前终止协议，甲乙丙丁各方应依法对公司进行清算。清算后的财产，按甲乙丙丁各方权益比例进行分配。

第九条 声明和保证

本核心合伙人协议的签署各方做出如下声明和保证：

1. 核心合伙人各方均为具有独立民事行为能力的自然人，并拥有合法的权利或授权签订本协议；

2. 核心合伙人各方投入本公司的资金，均为各发起人所拥有的合法财产；

3. 核心合伙人各方向本公司提交的文件、资料等均是真实、准确和有效的；

4. 核心合伙人一致承诺不得从事、投资与本公司业务直接竞争的业务，也不担任相关公司的任何职务。

第十条 保密

协议各方保证对在讨论、签订、执行本协议过程中所获悉的属于其他方的且无法自公开渠道获得的文件及资料（包括商业秘密、公司计划、运营活动、财务信息、技术信息、经营信息及其他商业秘密）予以保密。未经该资料和文件的原提供方同意，其他方不得向任何第三方泄露该商业秘密的全部或部分内容。但法律法规另有规定或各方另有约定的除外。

保密期限为_____年。违反此保密义务规定的，需对公司和其他股东承担赔偿责任。

第十一条 通知

1. 根据本协议需要一方向另一方发出的全部通知以及各方的文件往来及与本协议有关的通知和要求等，必须用书面形式，可采用邮寄或者电子邮件方式传递。以上方式无法送达的，可采取公告送达的方式。

2. 各方通讯地址以协议首部所列为准，一方变更通知或通讯地址，应自变更之日起__7__日内，以书面形式通知其他方；否则，由未通知方承担由此而引起的相关责任。

第十二条 争议的处理

1. 本协议受中华人民共和国法律管辖并按其进行解释。

2. 本协议在履行过程中发生的争议，由各方当事人协商解决；协商或调解不成的，由公司所在地人民法院管辖。

第十三条 协议的解释

本协议未尽事宜或条款内容不明确，协议各方当事人可以根据本协议的原则、协议的目的、交易习惯及关联条款的内容，按照通常理解对本协议做出合理解释。该解释具有约束力，除非解释与法律或本协议相抵触。

四方一致同意将本协议内容体现在公司章程之中，公司章程中没有的或者内容不明确的，以本协议为准。

第十四条 协议的效力

1. 本协议自各方签字之日起生效；

2. 本协议一式四份，甲方、乙方、丙方、丁方各执一份，具有同等法律效力；

3. 本协议的附件和补充协议均为本协议不可分割的组成部分，与本协议具有同等的法律效力。

（以下无正文，供签署）

二、公司二级合伙人协议书示例

甲方：

法定负责人：

乙方：

姓名：　　　　　　　　联系电话：

身份证号码：

通讯地址：

邮箱：

鉴于乙方为甲方公司的设立发展做出了重大贡献，经甲方全体股东一致同意，给予乙方二级合伙人的待遇，参与公司的分红。

双方经充分讨论，友好协商，就同心同力、共同创业事宜，达成以下一致意见，以资共同遵守。

第一条　二级合伙人的范围

根据公司运营前期对公司的贡献度及后期的工作安排，网络技术专家、农业技术专家、商业运营专家、法律专家作为公司的首批二级合伙人，享有公司的分红权。

乙方主要在如下方面，为公司的发展提供帮助：_____

_____。

第二条　二级合伙人分红基金及比例设定

甲方全体股东一致同意，公司盈利后拿出税后年利润的

_____作为二级合伙人的分红基金,其中乙方作为网络技术方面的合伙人,享有上述分红基金中30%的分红额度。

第三条 分红基金的发放及税收安排

甲方年度财务核算后的一个月内,将上述比例的分红基金进行提取核算,双方可具体商议提取方式并协商税收安排。

如按照法律规定需要缴纳税款的,则按照国家规定执行。

第四条 二级合伙人分红权益的转让及继承

乙方作为公司的二级合伙人,享有公司相应的虚拟分红权,上述权益不得转让和继承。

随着公司发展壮大,在进行后续增资扩股的过程中,乙方作为二级合伙人享有同等条件下的优先认购权,具体价格及方式根据公司当时的估值另行商定。

第五条 保密

协议各方保证对在讨论、签订、执行本协议过程中所获悉的属于其他方的且无法自公开渠道获得的文件及资料(包括商业秘密、公司计划、运营活动、财务信息、技术信息、经营信息及其他商业秘密)予以保密。未经该资料和文件的原提供方同意,其他方不得向任何第三方泄露该商业秘密的全部或部分内容。但法律法规另有规定或各方另有约定的除外。

保密期限为_____年。违法此保密义务的,需对公司和其他股东承担赔偿责任。

第六条 通知

1. 根据本协议需要一方向另一方发出的全部通知以及各方的文件往来及与本协议有关的通知和要求等,必须用书面形式,可采用邮寄或者电子邮件方式传递。以上方式无法送达的，可采取公告送达的方式。

2. 各方通讯地址以协议首部所列为准，一方变更通知或通讯地址，应自变更之日起__7__日内，以书面形式通知其他方；否则，由未通知方承担由此而引起的相关责任。

第七条 争议的处理

1. 本协议受中华人民共和国法律管辖并按其进行解释。

2. 本协议在履行过程中发生的争议，由各方当事人协商解决；协商或调解不成的，由公司所在地人民法院管辖。

第八条 协议的解释

本协议未尽事宜或条款内容不明确，协议各方当事人可以根据本协议的原则、协议的目的、交易习惯及关联条款的内容，按照通常理解对本协议做出合理解释。该解释具有约束力，除非解释与法律或本协议相抵触。

第九条 协议的效力

1. 本协议自各方签字之日起生效；

2. 本协议一式两份，甲方、乙方各执一份，具有同等法律效力；

3. 本协议的附件和补充协议均为本协议不可分割的组成部分，与本协议具有同等的法律效力。

（以下无正文，供签署）

三、合伙人股权授予及成熟期约定之协议书示例

甲方：

乙方（合伙人姓名）：

身份证件号码：

甲、乙双方本着自愿、公平、平等互利、诚实信用的原则，根据《中华人民共和国合同法》《中华人民共和国公司法》等，甲、乙双方就乙方在甲方公司的合伙人地位及相关的股权安排等有关事项达成如下协议。

第一条　甲方及公司基本状况

甲方为在北京市海淀区注册的有限责任公司，注册资本＿＿＿＿＿元，现有股东两人，分别为＿＿＿＿＿，占股＿＿＿＿＿；＿＿＿＿＿占股＿＿＿＿＿。公司的经营目标及使命为：＿＿＿＿＿。

甲方出于公司长期发展的考虑，为激励人才，留住人才，聘请乙方担任＿＿＿＿＿一职，作为公司的事业合伙人。

主要职责：＿＿＿＿＿＿＿＿＿＿。

第二条　乙方股权比例及授予期限安排

经双方协商一致，于两年内给予乙方个人＿＿＿％的公司股权，自本协议签订之日起算。

股权的成熟安排：上述两年总计＿＿＿＿＿的公司股权，分为四期平均发放，每半年成熟发放一次。

股权成熟后，由公司盖章确认，待公司持股平台成立后，上述股权统一转入持股平台。甲乙双方应当据此向工商部门办理变更登记手续，并向乙方签发股东权利证书。

第三条　乙方的股东权利

乙方作为公司的核心成员，享有公司的股东待遇，对于已经成熟的股权，乙方当即完全享有股东的全部权利，包括但不限于分红权、参与权、投票权、知情权等。

第四条 对于尚未成熟部分的股权安排

对于上述尚未成熟的股权，乙方出现下列情形之一，即丧失股权行权资格：

1. 因辞职、辞退、解雇、退休、离职等原因与公司解除劳动协议关系的；

2. 丧失劳动能力或民事行为能力的；

3. 刑事犯罪被追究刑事责任的；

4. 执行职务时，存在违反《公司法》或者《公司章程》，损害公司利益的行为；

5. 执行职务时的错误行为，致使公司利益受到重大损失的；

6. 没有达到规定的业务指标、盈利业绩，或者经公司认定对公司亏损、经营业绩下降负有直接责任的；

7. 不符合考核标准或者存在其他重大违反公司规章制度行为的。

第五条 乙方转让股权的限制性规定

1. 与甲方公司的聘用合同到期，公司不再与之续约或者因公司经营性原因等解除合同的，其已成熟的股权继续有效，乙方离职后仍享有完全的股东权利。

但乙方对外转让其股权时，甲方具有优先购买权，即甲方拥有优先于任何外部人员的权利。未履行上述优先购买权手续的私自转让行为无效。

与此同时，乙方不得以任何方式将公司股权用于设定抵押、质押、担保、交换、还债等行为。

2. 有下列情形之一的，其已成熟的股权继续有效，但公司有权以原始价格进行回购或者由公司大股东原价回购：

（1）激励对象与公司的聘用合同到期，本人不愿与公司续约的；

（2）激励对象与公司的聘用合同未到期向公司提出辞职并经公司同意的。

3. 有下列情形之一的，其已成熟的股权继续有效，但公司有权暂时冻结其股东权利，待事情解决后再行恢复其股东权利：

（1）执行职务时，存在违反《公司法》或者《公司章程》，损害公司利益的行为；

（2）执行职务时的错误行为，致使公司利益受到重大损失的；

（3）激励对象与公司的聘用合同未到期，未经公司同意，擅自离职的。

第六条　关于聘用关系的声明

甲方与乙方签署本协议不构成甲方公司对乙方聘用期限和聘用关系的任何承诺，公司对乙方的聘用关系仍按劳动协议的有关约定执行。

第七条　争议的解决

本协议在履行过程中如果发生任何纠纷，甲、乙双方应友好协商解决，协商不成，任何一方均可向公司所在地的人民法院提起诉讼。

第八条　附则

1. 本协议自双方签章之日起生效；

2. 本协议未尽事宜由双方另行签订补充协议，补充协议与本协议具有同等效力；

3. 本协议内容一式二份，甲乙双方各执一份，具有同等效力。

（以下无正文，供签署）

四、公司合伙人一致行动协议书示例

甲方：

身份证号码：

乙方：

身份证号码：

丙方：

身份证号码：

鉴于：甲、乙、丙各方均系（北京）科技股份有限公司的股东，为保障公司持续、稳定发展，提高公司经营、决策的效率，各方就采取"一致行动"事宜进一步明确如下。

1. 各方同意，在处理有关公司经营发展且根据《公司法》等有关法律法规和公司章程需要由公司股东会、董事会做出决议的事项时均应采取一致行动。

2. 采取一致行动的方式为：就有关公司经营发展的重大事项向股东会、董事会行使提案权和在相关股东会、董事会上行使表决权时保持一致。

3. 各方同意，本协议有效期内，在任何一方拟就有关公司经营发展的重大事项向股东会、董事会提出议案之前，或在行使股东会或董事会等事项的表决权之前，一致行动人内部先对相关议案或表决事项进行协调。

协调流程如下：如甲方同意并征得乙丙方中一人同意，则视为协调通过；如乙丙方均持反对意见，则甲方应先进行内部协调。在内部协调期间，甲方应充分听取乙方、丙方的意见，并承诺就上述不同意见举行不少于两轮的专题会议，让乙方丙方充分发表意见，必要时也可以听取外部专家的专业意见。如历经上述两轮会议后，仍无法就上述议题达成一致意见，为避免公司僵局的出现，各方同意以甲方的意见为准。

4. 各方承诺，如其将所持有的公司全部或部分股权对外转让，则该等转让需以受让方同意承继本协议项下的义务并代替出让方重新签署本协议作为股权转让的生效条件之一。

5. 如果任何一方违反其做出的前述任何一项承诺，必须按照守约方的要求将其股东权利与义务转让给守约方或者其指定的第三方。一方违反前述承诺的，则守约方有权向公司主张暂停违约方股东权益的行使，包括但不限于投票权、分红权等，直至其完全改正为止。

6. 本一致行动协议的期限自本协议签订之日起至公司存续期为止。

7. 本协议自各方签字之日起生效，各方在协议期限内应完全履行协议义务，非经各方协商一致不得随意变更本协议。

8. 如出现争议，各方应通过友好协商解决，协商不成应将争议提交给本协议签订地的仲裁委员会（即北京仲裁委员会），按照仲裁规则进行裁决。

9. 本协议以及甲乙丙各方在本协议项下的权利和义务由中国法律管辖。

10. 本协议一式叁份，甲、乙、丙三方各执一份，具同等法律效力。

（以下无正文，供签署）

第六章
面向资本市场的股权架构

许多有志于资本市场的企业创始人、控股股东,他们都在问一个问题,对于以上市为目标的企业来说,什么样的股权架构才是最合适的呢?

其实,好高骛远不如脚踏实地,适合自己的才是最好的安排。

许多有志于资本市场的企业创始人、控股股东都在问一个问题,是直接以个人方式持股,还是以有限合伙企业、持股平台再持股拟上市公司呢?

一般而言,持股平台的搭建应着重考虑以下三个方面的因素:

(1) 税负成本。运营、资本运作、投资退出各阶段的税负成本是否最优。

(2) 法律风险及控制权。比如,选择合伙制作为持股平台的类型需要充分考虑它无限责任的属性带来的潜在法律风险;同时它也有利于公司创始人通过该平台实现对公司的股权控制,从而以小搏大。

（3）未来功能。常见的如股票"套现"、境内外收购等。

第一节　一个失败的股权架构典型案例

2012年3月12日，一条爆炸性新闻在网络视频行业疯传：某视频网站YK网将以158%的溢价换股收购MD网，MD网将成为YK网的全资子公司，并从纳斯达克退市。

2012年8月24日，YK与MD宣布完成合并交易，MD网在纳斯达克摘牌；2012年8月24日同日，创始人W宣布从MD网CEO任上退休，从此彻底退出自己一手创办的企业。

W的退出究竟是自愿获利退出，还是基于投资人的压力，拔剑四顾心茫然的不甘，外人无从得知。但从公司的股权纠纷及上市时机、股权的比例及控制权来看，创始人W恐怕是有心无力。

就国内上市来说，按照《首次公开发行股票并上市管理办法》第十三条的规定，发行人股权清晰，控股股东和受控股股东、实际控制人支配的股东持有的发行人股份不存在重大权属纠纷。即便是在海外上市，股权清晰、架构合理、无重大纠纷也是一个最基本的要求。而从MD网的发展历程来看，由于融资过程中稀释股份过多，导致实际控制人股份过低，加上其婚变导致的股权纠纷，种种因素造成了MD网后续被他人收购的命运。

一、发展历程及融资时间线

MD 网发展历程及融资时间线详见表 6-1。

表 6-1　　　　MD 网发展历程及融资时间线

时间线	创业节点及融资上市过程	公司股权架构及董事会席位安排
2005 年 1 月（创业启动）	W 以 100 万元的启动资金在上海租了一套三居室，与四五个伙伴在这里开始了创业	
2005 年 12 月（A 轮融资）	融资金额为 50 万美元，投资人为 IDG。在此轮融资中，W 转让其 30% 股权。在这不久，W 结识了上海电视台主持人 Y	根据证券交易委员会的文件显示，MD 网在过去 5 年经过 5 轮总共融资近 1.35 亿美元，这也直接导致 MD 网股权结构分散，主要参与投资的风险投资持股比例超过 85%，作为董事会主席兼 CEO 的 W 仅持股 13.4%。 从董事席位来看，董事会成员包括 IDG 合伙人、纪源资本合伙人、凯欣亚洲执行合伙人、淡马锡董事
2006 年 5 月（B 轮融资）	融资金额为 850 万美元，该轮融资由寰慧投资。集富基金及首轮投资人 IDG 共同参与	
2007 年 4 月（C 轮融资）	融资金额为 1 900 万美元，投资人包括今日资本、GCP、韩国 KTB、集富亚洲基金以及 IDG、寰慧投资	
2008 年 4 月（D 轮融资）	融资金额为 5 680 万美元，投资方为 IDG、GCP、GGV 和美国洛克菲勒家族	
2010 年 7 月（E 轮融资）	融资金额为 5 000 万美元，由新加坡淡马锡领投 3 500 万美元，凯欣亚洲、IDG、纪源资本等 5 家 VC 合计追投 1 500 万美元	
2010 年 11 月	MD 网向美国证券交易委员会递交了上市申请	
对比点评	就 MD 网而言，无论是股东大会的持股比例，还是公司的董事会席位，资本方都掌握绝对的控制权，创始人 W 则处在相当弱势地位。与之相比，YK 网上市前同样获得 6 轮融资，所得金额同样是 1.6 亿美元，但其创始人 G 依然手握 41.5% 的股权	

二、创始人婚变导致的股权困境

MD 网创始人婚变导致的股权困境时间线详见表 6-2。

表 6-2　MD 网创始人婚变导致的股权困境时间线

时间	事件	法律分析
2006 年年初	W 结识了 Y，Y 是上海电视台的主持人，为 MD 网搭建媒体圈人脉资源、公开出席 MD 网的宣传活动	上海全 MD 公司作为 MD 网的核心运营平台在 2004 年成立，属于婚前就成立的有限责任公司。但从历次的融资过程来看，其股权却是在持续增值的，因而 Y 与 W 婚姻存续期间的财产增值部分，Y 理应获得其中一半。此外，由于法律诉讼耗费的时间较长，对于急于上市的公司来说，达成一个和解的方案是一个必须的选择
2007 年 7 月	W 与 Y 喜结连理，在香港登记结婚，在巴厘岛举办了婚礼，耗资数百万	
2010 年 3 月	经法院判决，W 与 Y 正式离婚。此时 MD 网已经历数轮融资，但双方未对 MD 网股权进行分割	
2010 年 11 月上海	Y 向上海市徐汇区人民法院提起诉讼，主张全 MD 公司属于她那部分的股权权益，并且提出保全申请。上海市徐汇区人民法院冻结了该部分股权	
2011 年 6 月	双方达成协议，由 W 支付 Y 等值 700 万美元的现金，换取 Y 放弃对企业股权的索求	
2011 年 8 月	MD 网在市况及极其惨淡的情况下开始了全球路演，实现了上市	
2012 年 3 月	YK 网以 158% 的溢价换股收购 MD 网，MD 网成为 YK 网的全资子公司，并从纳斯达克退市	
2012 年 8 月	W 宣布从 MD 网 CEO 任上退休，从此彻底退出自己一手创办的企业	

通过上述对比可以看出，融资过程导致的创始股东股权被稀释过多，进而失去了从股权上绝对掌控公司的能力（通过公开资料查

询，未发现其设置特殊的 AB 股架构）。MD 网的失败有两个原因：一是在董事会的设置上，资方的代表占据了大部分的名额；二是在上市过程中，婚变导致的司法诉讼又导致公司上市期被拖延，被竞争对手抢得先机，只能在一个不利的市场环境中苦苦支撑。

在此情况下，MD 网的投资方只能有一个选择：出售股份，获利退出。此时，无论创始人 W 同意与否，恐怕他已经没有太多的选择权了。

第二节　新三板摘牌后冲击科创板受阻典型案例

一、某系统技术公司股权架构及其影响

（一）案例背景

某系统技术公司是一家以嵌入式系统技术为核心，集智能商用终端设备和系统的研发、生产、销售和服务为一体的高新技术企业。凭借在商业信息化领域深厚的技术积累和服务经验，公司建立了具有自主知识产权的智能终端开发平台，包括智能终端硬件开发平台、应用系统开发平台和智能终端管理平台。

该系统技术公司于 2014 年 12 月 16 日挂牌新三板，于 2019 年 8 月 19 日摘牌，2021 年 6 月，该系统技术公司递交上市申请。

财务数据显示，2017 年至 2020 年上半年，该系统技术公司分别实现营业收入 1.83 亿元、2.97 亿元、2.79 亿元、1.59 亿元；实现归属于母公司所有者净利润 2 641.74 万元、4 244.20 万元、3 751.74 万元、2 626.14 万元。

根据该系统技术公司招股说明书显示，报告期内，公司股权结构一直维持比较分散的状态，不存在控股股东和实际控制人。从股

权结构看，持有公司 5% 以上股份的股东及其关联方共 8 名，其中 L 夫妇合计持股比例为 19.41%，J 夫妇合计持股比例为 17.89%，Y 夫妇合计持股比例为 17.89%，三家股东持股比例接近，且没有任何单一股东或一方所持股权比例超过 20.00%。任何股东单独所持股权比例均没有绝对优势，也不存在共同控制的安排。

（二）股票发行审核委员会的反馈意见

针对上述无实际控制人的状况，股票发行审核委员会（以下简称发审委）就公司上市前的股权架构提出了如下反馈意见，要求发行人说明：

（1）发行人新三板挂牌前后、报告期至今控股股东及实际控制人的变更情况、主要股东及持股比例变化情况、历次增资对主要股东股权比例的影响，无控股股东、实际控制人形成的背景和原因。

（2）发行人各个股东未来是否存在谋求发行人控制权的计划，股东是否明确发生意见分歧或纠纷时的解决机制。

（3）报告期内发行人的实际运作情况、重大事项决策机制、流程，公司是否实际由管理层控制。

（4）无实际控制人对发行人生产经营稳定性的影响；公司决策机制是否能够保证公司治理的有效性，是否可能出现"公司僵局"风险以及发行人的应对措施，相关风险披露是否充分。

（三）公司的回复

就上述发审委的反馈意见，发行人回复意见如下。

1. 无控股股东、实际控制人形成的背景和原因

发行人的前身 YT 有限公司系创始股东 L、J、Y 等人于 2004 年 4 月设立，YT 有限公司设立时设置的股权结构就无任何单一股东能够控制公司。发行人设立后，L主要负责公司的发展战略方向，目前担任公司董事长；J主要负责生产及管理，目前担任公司董事、总经理；Y主要负责技术及海外销售，目前担任公司董事、副总经理；前述三人之配偶3人之前曾在公司任普通职员，现已退休。除此之外，主要股东之间无亲属关系或共同创业外的其他关系，且从未签署关于对公司进行控制的协议。

发行人设立后，L、J、Y三人各自根据自己擅长的方向进行工作，发行人设立及报告期至今，股权方面一直保持较为分散的状态，L夫妇、J夫妇、Y夫妇之间的持股比例较为接近，主要股权结构未发生重大变化，无控股股东、实际控制人符合发行人的实际情况。

2. 发行人各个股东未来是否存在谋求发行人控制权的计划，股东是否明确发生意见分歧或纠纷时的解决机制

（1）各个股东是否存在谋求发行人控制权的计划

合计持有发行人97.65%股份的股东已出具了《关于不谋求控制权的说明》，合计持有发行人2.35%股份的15名股东未签署《关于不谋求控制权的说明》，其中，1名为已离职员工，其余14名均为通过股转系统买入公司股票而成为公司股东。《关于不谋求控制权的说明》的具体内容如下：

1）至本说明出具之日，本人/本公司/本合伙企业与该系统技术公司其他现有股东不存在任何关于该系统技术公司及其子公司的一致行动的协议或者约定，不存在虽未登记在本人/本公司/本合伙企业名下但可以实际支配的该系统技术公司股份表决权；

2）在该系统技术公司本次发行上市之日起36个月内，本人/本公司/本合伙企业将独立行使股东权利，不会与任何现有股东签订一致行动协议或其他类似协议，或通过受托行使投票权等其他方式谋求成为该系统技术公司的控股股东或实际控制人，亦不会协助或促使现有股东通过任何方式谋求该系统技术公司的控股股东或实际控制人地位，且不会以控制该系统技术公司为目的增持该系统技术公司股份；

3）在该系统技术公司本次发行上市之日起36个月内，本人/本公司/本合伙企业不谋求改变该系统技术公司董事会的组成结构，不会向该系统技术公司提名超过该系统技术公司章程规定的董事会非独立董事人数一半的董事，亦不会从事其他谋求该系统技术公司董事会控制权的相关活动。

（2）股东是否明确发生意见分歧或纠纷时的解决机制

根据发行人主要股东出具的《确认函》及合计持有发行人97.65%股份的股东出具的《关于不谋求控制权的说明》及发行人说明，发行人股东未就发行人的业务运营签署一致行动协议，未有就各方股东发生意见分歧或纠纷建立对应的解决机制的约定。

根据发行人历次股东大会的表决情况及主要股东出具的《确认函》，发行人主要股东在参加的历次股东大会上均依据自己的意志独立发表意见，并独立行使表决权，不存在股东就股东大会审议事项不能形成结论的情况。

发行人依据《公司法》《证券法》等相关法律法规和规范性文件的要求，制定了《公司章程》《股东大会议事规则》《董事会议事规则》《监事会议事规则》《总经理工作细则》，建立了由股东大会、董事会、监事会和高级管理人员组成的公司治理架构，形成了权力机构、决策机构、监督机构和管理层之间权责明确、运作规范的相互协调和相互制衡机制，如发生意见分歧或纠纷，发行人则可以依照公司有关制度、依靠上述公司治理架构保证公司决策的有效性。

3. 报告期内发行人的实际运作情况、重大事项决策机制、流程，公司是否实际由管理层控制

（1）报告期内发行人的实际运作情况、重大事项决策机制、流程

经查阅报告期内发行人的工商档案、《公司章程》、历次股东大会、董事会、监事会会议文件，并就相关情况对主要股东及董事、监事、高级管理人员进行访谈，发行人在《公司章程》及其他内部治理制度文件中规定了公司股东大会、董事会及董事会专门委员会、监事会、董事、董事会秘书、监事、总经理等机构和人员的职权，明确了经营方针、投资事项、公司的合并与分立、对外担保、关联交易等各类重大事项的审议标准和决策程序。

根据发行人的《公司章程》，股东大会作出会议决议，普通决议需经出席会议的股东所持表决权的过半数审议通过，特别决议需经出席会议的股东所持表决权的三分之二以上审议通过。报告期内，公司任何单一股东及其一致行动人所持表决权不超过30%，因此，公司任何单一股东及其一致行动人均无法控制股东大会或对股东大会作出的决议产生决定性影响。经核查报告期内发行人历次股东大会会议文件，不存在单一股东及其一致行动人控制股东大会表决情况。

根据发行人的《公司章程》，董事会做出决议，须经全体董事的过半数通过，发行人任一股东及其一致行动人均无法通过其提名

的董事单独决定公司董事会的决策结果,任何一名股东及其一致行动人均无法通过其提名的董事控制公司董事会。经核查报告期内发行人历次董事会会议文件,发行人有表决权的董事均参加了董事会并表决,不存在部分董事或单一股东提名董事控制董事会表决的情况。

根据发行人的《公司章程》,董事会成员的任免由发行人股东大会以普通决议通过。基于各股东及其一致行动人在发行人股东大会能够实际支配的表决权比例,发行人任一股东及其一致行动人均无法单独决定公司半数以上董事会成员的任免。经核查报告期内发行人历次董事会成员任免文件,参会股东均按照各自的表决权参与了董事选举的投票表决,不存在单一股东或部分股东控制董事会成员任免的情况。

根据各主要股东及董事的书面确认,发行人主要股东与发行人其他股东不存在尚未披露的关联关系或者一致行动关系,在持有公司股权期间,不存在通过包括但不限于书面协议安排或口头约定等方式共同扩大其或者他人所能够支配的公司表决权数量以构成一致行动事实的情况;发行人董事与其他董事不存在尚未披露的关联关系或者一致行动关系,在担任公司的董事期间,在参加的公司的历次董事会上均依据自己的意志独立发表意见,并独立行使表决权,与其他董事间不存在通过包括但不限于书面协议安排或口头约定等方式共同扩大表决权以构成一致行动事实的情况。

(2) 公司是否实际由管理层控制

如前所述,报告期内公司股权结构一直较为分散,不存在控股股东和实际控制人,亦不存在多人共同拥有公司控制权的情形。报告期内任何单一股东及其一致行动人均无法控制发行人股东大会或对股东大会决议产生决定性影响，亦无法单独决定公司半数以上董事会成员的任免或控制董事会。

发行人管理层人员依据其持股比例及董事会席位无法对发行人股东大会、董事会的经营决策产生决定性影响，无法通过发行人的股东大会、董事会对发行人实施实际控制，不存在对发行人重大事项决策上的特殊地位，不存在实际由管理层控制的情形。

发行人在实际运作过程中，已经根据《公司章程》的相关规定设立了股东大会、董事会、监事会等决策机构，建立了完善、健全的公司治理结构。发行人已经聘任了总经理、副总经理、财务总监、董事会秘书等高级管理人员，并按照自身业务经营的需要设置了相应的职能部门，发行人已建立健全内部经营管理机构，独立行使经营管理职权。发行人根据《公司章程》及相关内部控制制度文件的规定，由其相应内部决策机构或职能部门根据其权限对相关事项进行决策或行使经营管理职权。

4. 无实际控制人对发行人生产经营稳定性的影响；公司决策机制是否能够保证公司治理的有效性，是否可能出现"公司僵局"风险以及发行人的应对措施，相关风险披露是否充分

（1）无实际控制人对发行人生产经营稳定性的影响

1）股权结构稳定。发行人的主要股东L夫妇、J夫妇及Y夫妇均已比照对实际控制人的审核要求做出了相关股份锁定安排，并就其于首次公开发行前持有的发行人股份的锁定期及减持意向作出承诺，该等股份锁定安排有利于稳定发行人股权结构，进而保障发行人经营的稳定。

2）内部控制制度规范有效。发行人依法建立了股东大会、董事会、监事会并聘任了高级管理人员，建立了健全的公司法人治理结构。发行人已制定了《股东大会议事规则》《董事会议事规则》《监事会议事规则》《独立董事工作制度》《关联交易管理制度》等一系列法人治理制度文件，健全了内部控制体系，可以有效保证发行人于发行上市后经营的稳定性和重大决策的延续性。

3）核心团队稳定。根据发行人高级管理人员、核心技术人员与发行人签署的劳动合同、聘任合同及其提供的调查表等，发行人的主要高级管理人员、核心技术人员大部分在发行人处任职多年，发行人的管理团队及核心技术人员具有一定的稳定性。为保证公司核心团队的稳定性，发行人实施了股权激励，部分核心员工及业务骨干人员直接或通过员工持股平台间接持有公司的股份，由此增强核心团队的凝聚力，有效保证了发行人经营管理的稳定性。

综上，发行人股权结构稳定，已建立健全了公司法人治理结构并制定了各项法人治理制度文件，核心团队稳定，健全了内部控制体系，无实际控制人的情况不会对发行人上市后的经营稳定性产生重大不利影响。

（2）公司决策机制是否能够保证公司治理的有效性，是否可能出现"公司僵局"风险以及发行人的应对措施，相关风险披露是否充分

1）公司治理的有效性的保证。如前所述，发行人虽然无实际控制人，但已经根据《公司法》等相关法律法规及监管要求，设置了股东大会、董事会及其专门委员会、监事会及经营管理层，形成了权责分明、相互制衡、相互协调、相辅相成的公司治理架构，并

已按照公司治理的相关要求制定了《公司章程》《股东大会议事规则》《董事会议事规则》《监事会议事规则》等公司治理的相关制度，明确了股东大会、董事会、监事会和经营管理层的职责权限、工作程序，确保了三会及经营管理层独立运作、独立决策、相互制约，最大程度地保证了发行人公司治理的有效性。发行人主要股东在报告期内历次股东大会均独立行使股东权利且未产生重大分歧，担任董事的主要股东在报告期内历次董事会均独立行使董事权利且未产生重大分歧，报告期内发行人股权及控制结构未发生重大变化，无实际控制人的股权结构不影响公司治理结构的有效性。

2）"公司僵局"的有关情形。根据《公司法》及《最高人民法院关于适用〈中华人民共和国公司法〉若干问题的规定（二）》的规定，"公司僵局"一般是指公司经营管理发生严重困难，继续存续会使股东利益受到重大损失，通过其他途径不能解决的情形。一般包括以下几种情形：①公司持续两年以上无法召开股东会或者股东大会，公司经营管理发生严重困难的；②股东表决时无法达到法定或者公司章程规定的比例，持续两年以上不能做出有效的股东会或者股东大会决议，公司经营管理发生严重困难的；③公司董事长期冲突，且无法通过股东会或者股东大会解决，公司经营管理发生严重困难的；④经营管理发生其他严重困难，公司继续存续会使股东利益受到重大损失的情形。

3）出现"公司僵局"的风险。根据《公司法》和《公司章程》的规定，董事会、监事会、独立董事以及连续90日以上单独或者合计持有公司10%以上股份的股东均可以提议召集股东大会。因此，发行人无实际控制人状态不必然会导致公司无法召开股东大会。报告期内，发行人股东大会均正常召开并有效做出决议，不存在持续两年以上无法召开股东大会的情形。

报告期内发行人股东能够合法行使自己的股东权利，未出现股东大会无法召开或不能做出有效的决议的情形。

根据公司董事会的设置及提名情况，董事会目前有9名董事，其中3名为独立董事。根据《公司法》和《公司章程》的规定，每名董事均享有平等的一票表决权，董事会决议由全部董事过半数通过做出。因此，董事平等行使表决权，在满足董事会出席人数的前提下，可以按照过半数的表决规则做出决议。报告期内，发行人董事会均正常召开并做出有效决议。

综上，报告期内，公司各项治理机制运行良好，未出现过前述"公司僵局"的情形。因此，公司无控股股东、实际控制人情形未导致公司出现"公司僵局"的情形，发行人出现"公司僵局"的可能性极低。

4）针对"公司僵局"的应对措施。在公司经营管理出现严重困难、公司股东的意见出现重大分歧等极端情况下，仍存在出现"公司僵局"的客观可能。

公司出现股东大会僵局的原因一般有两种：一种是股权设置畸形，各股东股权分布均衡，双方各占50%，形成了股东之间只能完全同意或者无法决议；另一种是股东在章程中设定了更高的表决权比例要求，在某一股东不参加表决或不同意表决内容的情况下，股东大会无法形成有效决策造成股东大会僵局。

截至本回复出具日，发行人主要股东L夫妇、J夫妇、Y夫妇均确认，与公司其他现有股东不存在任何关于公司的一致行动的协议或者约定，不存在虽未登记在其名下但可以实际支配的公司股份表决权，并承诺在公司本次发行上市之日起36个月内，将独立行使股东权利，不会与任何现有股东签订一致行动协议或其他类似协议。因此，不会形成双方股东持股比例各占50%的情形。并且根据公司《公司章程》的规定，股东大会作出普通决议，应当由出席股东大会的股东（包括股东代理人）所持表决权的半数以上通过，股东大会作出特别决议，应当由出席股东大会的股东（包括股东代理人）所持表决权的三分之二以上通过，公司并未设置畸高的表决权比例，因此公司出现股东大会僵局的可能性极低。

如果出现董事会在重大决策方面长期无法形成有效决议的极端情况，根据《公司法》的规定，可以由《公司章程》规定的其他主体召集股东大会审议相关事项（包括改选董事事项）以避免董事会层面的公司治理僵局，具体如下：①独立董事、监事会以及单独或合计持有公司10%以上股份的股东均可向董事会提议召开股东大会；②监事会可以在董事会不同意召开股东大会或董事会不能履行或者不履行召集股东大会会议职责时，自行召集和主持股东大会；③单独或合计持有公司10%以上股份的股东可以在董事会不同意召开股东大会或者董事会不能履行或者不履行召集股东大会会议职责时，向监事会提议召开临时股东大会，并在监事会不召集和主持股东大会时自行召集和主持股东大会。

此外，发行人已在招股说明书中进行如下补充披露："截至本招股说明书签署日，公司股权结构较为分散，不存在控股股东和实际控制人，公司所有股东均无法单独控制股东大会半数以上表决权，亦无法单独控制董事会半数以上成员。由于公司不存在实际控制人，存在决策效率较低的风险。公司虽已建立了健全的公司治理制度，但分散的股权结构可能影响公司治理的有效性，导致上市后公司控制权更容易发生变化，同时在公司经营管理出现严重困难、公司股东的意见出现重大分歧等极端情况下，存在出现公司僵局的客观可能，从而给公司经营和业务发展带来潜在风险。"

二、上市进程受阻

2021年6月24日，发行人某系统技术公司公司向上海证券交易所提交了关于撤回首次公开发行股票并在科创板上市申请文件的申请，申请撤回上市申请文件。

根据《上海证券交易所科创板股票发行上市审核规则》第六十七条的有关规定，上海证券交易所决定终止其在科创板上市的审核。

令人意外的是，时隔一个月，2021年7月22日该系统技术公司再次冲击上市之路。根据公示信息显示，该系统技术公司已在青岛证监局进行辅导备案登记，将公司辅导备案基本情况予以公示，接受社会各界监督。

客观而言，该系统技术公司上市之路一波三折，至今仍在路上，不仅仅是一个股权架构问题，公司的独立性、高科技的含量、持续运营能力更是证券审核部门重点考察的对象，但缺乏一个核心的实际控制人也是一个不可忽视的因素。

实践证明，一个面向未来、适应资本市场的股权架构能极大地促进公司的发展，推动上市的进度。如果股权架构存在问题，轻则延误上市时机，重则有可能给公司的长远发展带来严重的伤害，最后导致上市进程受阻。

第三节　某北交所科技创业企业的资本市场之路

对于创业者而言，拨开资本市场的迷雾，走出乱花渐欲迷人眼的各种诱惑，选择一个适合自己的资本市场是非常关键的。

就拿门槛相对比较低的新三板市场而言，可能 80% 的企业资质平平，但也有小比例的优质企业通过新三板融资成功，在资本助力下获得了超常规的爆发式增长，最终蜕茧成蝶。

而不顾企业的实际情况，期望通过资本市场一夜暴富，恐怕最终落下的也是一地鸡毛。对于一个成熟的企业家而言，过于疯狂或者过于不屑都非专业态度，适合自己的资本市场才是最好的。

下面，我们来剖析一个通过资本市场实现股权结构优化与产业升级的典型案例，北京 KD 石英股份有限公司（以下简称 KD 石英股份）的新三板市场逆袭之路。

KD 石英股份总部位于北京市通州区，所处行业为半导体芯片生产线用石英玻璃制品厂商，公司为北京市高新技术企业，系芯片行业的配套产业之一。

根据公司公告的财务报表，公司挂牌之初，2015 年公司的净利润仅为 400 万元左右。公司在新三板挂牌后，成功利用资本市场多次融资，经营业绩也扶摇直上，2016 年净利润增加到 800 万元，一步一个台阶，到了 2019 年公司的净利润直接攀升到了 3 200 万元。

与此同时，就产业升级与产业布局的角度而言，公司也取得了巨大的进步。

2020 年 5 月 12 日，其子公司 KX 新材料与北京市经济技术开发区签署入园协议，设立高端石英制品产业化项目，总投资金额不低于 5 亿元人民币。该项目主要应用于半导体集成电路芯片生产线、光通讯、电光源等高新技术领域的高端石英制品生产线。重点研发生产大尺寸、高精度的高端石英制品，以服务高端集成电路及装备制造企业为核心，加快北京市集成电路产业的发展。

因此，无论是公司的盈利状况，还是公司的产业布局与产业升级，KD 石英股份的新三板挂牌之路无疑是非常成功的（被称为北交所石英产品第一股）。

正所谓，成功的企业都是相似的。下面我们从四个方面来剖析其资本市场之路为何能成功。

一、定位准确的资本市场与决策者清醒的头脑

对于一个有一定规模的企业来说，是否需要上市？去哪里上市都是一个非常重要的决定。

熟悉资本市场的人都知道，我国的资本市场起步于一个高度管制、为解决国企融资困难的市场。因此，早期的上市公司以国企居多，后期虽然在中小板、创业板出现了一批民营的高科技型企业，但资本市场整体的基调还是管制与审批类型的（如图 6-1 所示）。为了一个上市的名额，无数的企业拼尽全力，甚至不惜财务造假，他们期待的就是上市后的一飞冲天、套现走人。

对于新三板而言，由于其门槛比较低，在政策的裹挟和资本泡沫的推动下，经过 2015—2017 年三年的高速发展，截至 2017 年年底，股转系统已有挂牌企业 11 630 家。一时间，泥沙俱下，无数的企业奔向资本市场，自以为能从资本市场成功掘金。但殊不知，新三板资本市场并不具有神奇的化石点金的魔力。退潮之后，方知道谁在裸泳。

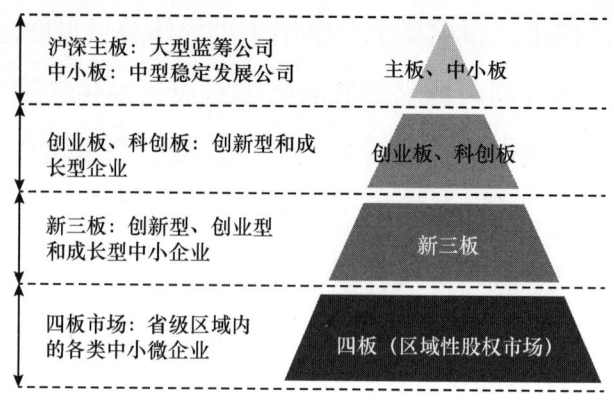

图 6-1 我国的资本市场分布及其特点

大量的企业纷纷从新三板摘牌退市,但也有一批优秀的企业赶上了好时候、讲了个好故事、谋了个好发展。

KD 石英股份新三板挂牌成功的故事说明了不人云亦云,保持头脑清醒的重要性。

二、高瞻远瞩、与时俱进的股权架构设计是保障

1. 混改模式期,实际控制人逐步控制公司

北京 KD 石英公司成立于 1997 年 1 月,注册资本为 15 万美元。后续通过五次增资扩股和四次股权转让,到 2015 年,公司注册资本达到 2 800 万元。同年 9 月,公司整体改制变更为股份有限公司,即 KD 石英股份,此时,公司注册资本为 3 800 万元,张某某为公司最大股东,持有公司 30% 的股份。

2. 股改完成后,上市之前的股权结构

股改完成后,公司大股东张某某直接持有公司 30.00% 的股份,并通过 DYC 公司和 YK 公司投资两个持股平台间接持有公司 6.24% 的股份,为公司的控股股东,并担任公司董事长兼总经理。张某某的妻子王某某直接持有公司 27% 的股份,并担任公司监事会

主席。张某某与王某某夫妻二人合计持有公司63.24%的股份，是公司的实际控制人。

3. 通过两个持股平台的设立，稳定经营队伍，共享利益

公司通过两个持股平台的设立，将公司的核心员工及外部资源贡献者纳入公司的统一管理，共享利润，共同发展。经核查DYC公司、YK公司投资的合伙协议和工商登记资料，两家公司的执行合伙人均为KD石英股份的实际控制人张某某。

4. 引入外部基石股东作为长期合作伙伴

引入上市公司作为战略基石股东，是公司股改上市的一个神来之笔，可进可退。

该上市公司系一家集科研、生产、销售为一体的硅资源深加工企业。自成立以来，该上市公司一直致力于石英产品的研究与开发，目前已发展成为全国石英材料行业中的龙头企业。公司下设3个子公司，占地30多万平方米，员工千余人，产品远销二十几个国家和地区。

该上市公司主要服务领域涉及照明、光伏及半导体用石英材料等，主导产品有石英管（棒）、高纯石英砂、大口径石英扩散管、石英坩埚、各种石英器件等。

股改完成后，该上市公司持有KD石英公司570万股股份，持股比例为15%，后来又陆续增加到20%。

该股权架构很有深意：一方面，KD石英公司作为下游的加工企业能通过股份的连接，强化与上游原材料巨头的关系；另外一方面，该上市公司作为主板上市的公司，二者在股权上的深度合作的空间很大。考虑到公司的后续发展、继承人等一系列的问题，KD

石英股份作为一家新三板科技型企业，在融资发展壮大后，具有很多的可选择空间。

如果公司发展迅速，国内外大环境比较适宜，KD石英股份可以独立上市，在此情况下，作为股东之一的该上市公司也会获得巨大利益。万一因各种原因无法独立上市，在后续接班人没有意愿运营公司的前提下，可通过兼并合并的方式，曲线上市进而获得上市公司的现金与股票。

三、自身实力的内因是关键

KD石英公司是一家专业为半导体集成电路芯片生产线、LED砷化镓产品生产线、航空航天国防军工和化工产业提供配套石英零部件的石英玻璃加工企业。同时，也是国家高新技术企业、中关村高新技术企业和中国建筑玻璃与工业玻璃协会第六届石英玻璃专业委员会常委单位。

公司通过持续的技术创新，积累了诸多自主知识产权的产品设计和加工技术，拥有已授权专利10项、正在申请的发明专利1项。在加工生产人员方面，公司在研发生产过程中形成了多项非专利技术，培养出一大批业内优秀的技术人才。公司董事长张某某是国家级高级石英玻璃技师，自公司成立时一直在本公司工作，具有丰富的从业经历，目前兼任公司总工程师。

在低端芯片用石英玻璃制品方面，公司所加工生产产品已达国内领先技术水平。在中高端芯片用石英玻璃制品方面，公司是目前国内少数几家能为8.12英寸半导体集成电路芯片生产线加工配套石英玻璃制品的企业之一，生产技术和产能规模已达国内领先、国外同类别产品水平。其中，公司生产的"石英钟罩""立式石英笼舟"

项目荣获科技部"火炬计划项目证书",公司自主开发的"大尺寸多层石英方箱项目"和"大规模集成电路产业用立式石英笼舟项目"获得了中国建筑材料联合会颁发的《科技成果鉴定证书》及《新产品新技术鉴定验收证书》,填补了国内相关领域的空白。

通过技术创新和产品升级,公司致力于为大规模集成电路芯片产业提供高精度、高难度和大尺寸的国产化配套石英玻璃制品,着力于推动我国半导体集成电路产业的国产化进程、为国内半导体产业的技术进步与发展做出贡献。

四、国家政策与外部大环境的外因强力助推

就外部环境来说,战略性新兴产业中的新材料技术已成为我国经济发展的重要基础,是电子信息技术、现代工业和航天工程的关键发展领域。国家对新材料产业的发展高度重视,已先后出台一系列政策推动新材料产业的发展。

如2012年公布的《新材料产业"十二五"发展规划》中,将加快发展高纯石英粉、石英玻璃及制品,促进高纯石英管、光纤预制棒产业化,重点发展电子专用石英玻璃及制品制备技术等作为发展方向,扶持石英玻璃制品行业快速发展。

2015年7月,国家发改委宣布将组织实施新兴产业重大工程包,推动重点集成电路产品的产业化水平进一步提升、移动智能终端、网络通信、云计算、物联网、大数据等重点领域集成电路设计技术达到国际领先水平、32/28纳米制造工艺实现规模量产、16/14纳米工艺技术取得突破。

为了支持我国集成电路产业的健康发展,2014年6月工信部发布《国家集成电路产业发展推进纲要》,文件指出,集成电路产业

是信息技术产业的核心，是支撑经济社会发展和保障国家安全的战略性、基础性和先导性产业；设立国家产业投资基金，主要吸引大型企业、金融机构以及社会资金，重点支持集成电路等产业发展，促进工业转型升级。基金实行市场化运作，重点支持集成电路制造领域，兼顾设计、封装测试、装备、材料环节，推动企业提升产能水平和实行兼并重组、规范企业治理，形成良性自我发展能力。支持设立地方性集成电路产业投资基金，鼓励社会各类风险投资和股权投资基金进入集成电路领域。随着《国家集成电路产业发展推进纲要》细则的逐步落地和国家集成电路产业投资基金项目启动，国内龙头企业陆续启动收购、重组，带动了整个集成电路产业的大整合。在国家集成电路产业投资基金的支持下，更多的国产集成电路设备将进入大生产线，国产集成电路设备的国内外市场将继续得到扩展。在电子产品消费的带动下，国内半导体集成电路行业将稳定增长，石英玻璃制品行业也将因此而受益。

附录一
中美博弈背景下的科技人员创业

雄关漫道真如铁,而今迈步从头越。对于中国的科技人员创业来说,褚某之案是一个绕不开的存在。

被捕之前,褚某的履历堪称完美,可谓是年少成名,一帆风顺。15 岁时,褚某以全校最高分考入浙江大学化工系工业自动化专业;23 岁时,褚某成为浙大化工生产过程自动化及仪表专业与日本京都大学首届博士联合培养第一人;30 岁时,褚某晋升为浙大教授,次年成为博士生导师;36 岁时,褚某被聘为"长江学者奖励计划"首批特聘教授。

在学术成就上,从 1997 年到 2013 年,褚某获得过 8 个国家级的科学技术进步奖,其中两次获得国家科技进步二等奖,一次获得国家技术发明二等奖。

褚某还有另一个很重要的身份,ZK 科技公司的创始人。而他被指控的主要罪名之一亦是来源于这一身份。按照最初的指控,褚某被控贪污 6 579.465 1 万元、挪用公款 1 750 万元、职务侵占罪 1 288.937 5 万元、挪用资金 3 250 万元、行贿 850 万元,汇总起来,总案值高达 1.4 亿元。

褚某入狱后,各个层面的博弈展开,整个科技界纷纷发声,颇有唇亡齿寒之感，一场大营救开始了。

2014年4月，4位信息安全相关领域的工程院院士联名给中央写信，为褚某事件陈情；同年4月到7月间，原全国政协领导及国务院参事室专家向高层多次反映情况；8月下旬，褚某家属和律师向检察机关提交了一份"取保候审的申请"，800多位浙大教授及ZK科技公司员工签名愿意为褚某作保，其中包括现任学院院长、退休的党委副书记、副校长以及工程院院士等人；9月，10多位法律界、经济界学者在杭州就褚某事件涉及的一些共性问题进行专题研讨。

在强大的社会压力下，检察机关变更起诉决定书，部分罪名被取消，同时涉案金额大大缩减，由1.4亿变更为238万元。

2017年1月16日，法院审理认为，被告人褚某的行为已构成犯罪。但鉴于在法庭审理过程中，褚某能如实供述自己的犯罪事实，并自愿认罪悔罪，且赃款已全部追缴，具有酌定从轻处罚情节，依法予以从轻处罚，决定执行有期徒刑三年零三个月。

判决后的第三天，褚某于1月18日刑满释放，回到家中。

从褚某的角度讲，漫长的司法程序足以搞垮一个公司，认罪轻判马上出狱是最符合其现实的一个理性选择。毕竟一个公司，乃至一个行业都需要他马上出来拯救。在这个节骨眼上，自身的清白仿佛就没这么重要了。

失去自由长达一年的褚某，曾写过一篇申辩文："我的前半生，倾尽心血为国家教育事业、科技事业和国家信息安全核心技术研发而奋斗，得到了国家和师生的公认……我身患多种疾病，手无缚鸡之力的一介书生，遭受着非人道对待和巨大身心摧残，'人为刀俎，我为鱼肉',随时可能发生各种不测,已命悬一线。"

这真是一段无尽辛酸的陈词。那么,褚某之案,争议何处?首先,是制度上的客观环境;其次,包括褚某在内的科技创业人员法律意识淡薄,其自身也难辞其咎。

第一,客观环境:从制度层面分析。在案件审理过程中,褚某案辩护方坚持认为:起诉决定书指控贪污行为发生的时段,正是中国经济发生重大转型的时期,也是 ZK 科技公司转型的特殊时期,法律法规不完善,在以经济发展为导向的大背景下,企业经营中的各种变通、不规范,在所难免。

在现行的高校科研体制下,若一个科学家欲将某一技术进行产业化开发且从中拥有个人产权,可以说他的产业做得越大,犯罪概率就越高且犯罪金额越大。

其实,并非只有中国的科学家才有科研成果转化的身份问题。但与美国、日本、欧洲等先进发达国家相比,我们由于旧的体制机制与思想观念的原因,冲突往往会更为激烈,最终科学家可能面临牢狱之灾,从而失去最宝贵的时间和自由。

我们的科学家和市场之间根本没有任何中介组织作为缓冲带,也没有任何制度安排,在硅谷,科研成果转化形成了人才—高校—资本公司相辅相成的生态链,在这一生态链中所有的资源配置都建立在成熟、公开的法治土壤之上,而在中国,却往往会因制度建设的滞后而阻碍创新。

当国家一次次吹响鼓励科研成果转化的号角,却让单纯的科学家们直面逐利的商业世界时,他们的经验根本不足以应付商业世界的叵测,而制度上客观存在的不完善会成为他们的陷阱。

所幸的是，在当前中美产业及科技博弈的大背景下，自主研发和转化就是中国巨龙腾飞的命门所在。我们制度上的漏洞和短板被一步步地补齐，促进科技成果转化的法律和条例不断涌现。毋庸讳言，目前国家层面虽然出台了一系列的法律法规，但是与现行的法律体系的冲突依然存在。但与过去相比，法律软环境以及整个国家的政策取向都有了很大的改善。作为一位创业者，我们不可能坐等所有的政策漏洞全部弥补之后再去创业，这也不是社会的常态。

第二，从主观上分析。科研人员法律意识、自我保护意识淡薄。身处高位的教授在各自的领域内，无疑都是学霸级别的精英人士。但长期象牙塔下的生活，也让他们对外部的世界，尤其是法律领域缺乏必要的了解和重视。

以褚某为例，如果说在当初的股权转让过程中能更加审慎一些，履行完毕国有资产评估及转让的相关程序，就不会有后续的职务侵占指控；如果在科研经费的使用过程中能更加地注重程序，保留好各种证据，就不会有最后认定的贪污指控。

总之，对科研人员而言，如果立志于创业，就要勇敢地行动起来，这是个最好的时代。整体的制度与法治环境已经大大改善，最重要的是从自身做起，用法律为自身的创业织一件厚厚的铠甲。当所有的船都沉没的时候，法律就是那件最后的救生衣。

附录二

《全国法院民商事审判工作会议纪要》对科技创业者的规范与启示

《全国法院民商事审判工作会议纪要》（以下简称《九民纪要》）已于 2019 年 9 月 11 日经最高人民法院审判委员会民事行政专业委员会第 319 次会议原则通过。

《九民纪要》针对民商事审判中的前沿疑难争议问题，在广泛征求各方面意见的基础上，经最高人民法院审判委员会民事行政专业委员会讨论决定。《九民纪要》的出台，对统一裁判思路，规范法官自由裁量权，增强民商事审判的公开性、透明度以及可预期性，提高司法公信力具有重要意义。

其中，针对公司创业部分的内容，非常具有实战型和指导意义。下面，我们重点介绍其中的部分内容。

一、关于股东出资加速到期及表决权

1. 股东出资应否加速到期

在注册资本认缴制下，股东依法享有期限利益。债权人以公司不能清偿到期债务为由，请求未届出资期限的股东在未出资范围内对公司不能清偿的债务承担补充赔偿责任的，人民法院不予支持。但是，下列情形除外：

（1）公司作为被执行人的案件，人民法院穷尽执行措施无财产可供执行，已具备破产原因，但不申请破产的；

（2）在公司债务产生后，公司股东大会决议或以其他方式延长股东出资期限的。

2. 表决权能否受限

股东认缴的出资未届履行期限，对未缴纳部分的出资是否享有以及如何行使表决权等问题，应当根据公司章程来确定。公司章程没有规定的，应当按照认缴出资的比例确定。如果股东大会作出不按认缴出资比例而按实际出资比例或者其他标准确定表决权的决议，股东请求确认决议无效的，人民法院应当审查该决议是否符合修改公司章程所要求的表决程序，即必须经代表三分之二以上表决权的股东通过。符合的，人民法院不予支持；反之，则依法予以支持。

3. 有限责任公司的股权变动

当事人之间转让有限责任公司股权，受让人以其姓名或者名称已记载于股东名册为由主张其已经取得股权的，人民法院依法予以支持，但法律、行政法规规定应当办理批准手续生效的股权转让除外。未向公司登记机关办理股权变更登记的，不得对抗善意相对人。

4. 侵犯优先购买权的股权转让合同的效力

审判实践中，部分人民法院对公司法司法解释（四）第 21 条规定的理解存在偏差，往往以保护其他股东的优先购买权为由认定股权转让合同无效。准确理解该条规定，既要注意保护其他股东的优先购买权，也要注意保护股东以外的股权受让人的合法权益，正确认定有限责任公司的股东与股东以外的股权受让人订立的股权转让合同的效力。一方面，其他股东依法享有优先购买权，在其主张按照股权转让合同约定的同等条件购买股权的情况下，应当支持其诉讼请求，除非出现该条第 1 款规定的情形。另一方面，为保护股东以外的股权受让人的合法权益，股权转让合同如无其他影响合同效力的事由，应当认定有效。其他股东行使优先购买权的，虽然股东以外的股权受让人关于继续履行股权转让合同的请求不能得到支持，但不影响其依约请求转让股东承担相应的违约责任。

二、关于公司人格否认

公司人格独立和股东有限责任是公司法的基本原则。否认公司独立人格，由滥用公司法人独立地位和股东有限责任的股东对公司债务承担连带责任，是股东有限责任的例外情形，旨在矫正有限责任制度在特定法律事实发生时对债权人保护的失衡现象。在审判实践中，要准确把握《公司法》第 20 条第 3 款规定的精神。一是只有在股东实施了滥用公司法人独立地位及股东有限责任的行为，且该行为严重损害了公司债权人利益的情况下，才能适用。损害债权人利益，主要是指股东滥用权利使公司财产不足以清偿公司债权人的债权。二是只有实施了滥用法人独立地位和股东有限责任行为的股东才对公司债务承担连带清偿责任，而其他股东不应承担此责任。三是公司人格否认不是全面、彻底、永久地否定公司的法人资格，而只是在具体案件中依据特定的法律事实、法律关系，突破股东对公司债务不承担责任的一般规则，例外地判令其承担连带责任。人民法院在个案中否认公司人格的判决的既判力仅仅约束该诉讼的各方当事人，不当然适用于涉及该公司的其他诉讼，不影响公司独立法人资格的存续。如果其他债权人提起公司人格否认诉讼，已生效判决认定的事实可以作为证据使用。四是《公司法》第20条第3款规定的滥用行为，实践中常见的情形有人格混同、过度支配与控制、资本显著不足等。在审理案件时，需要根据查明的案件事实进行综合判断，既审慎适用，又当用则用。实践中存在标准把握不严而滥用这一例外制度的现象，同时也存在因法律规定较为原则、抽象，适用难度大，而不善于适用、不敢于适用的现象，均应当引起高度重视。

1. 人格混同

认定公司人格与股东人格是否存在混同，最根本的判断标准是公司是否具有独立意思和独立财产，最主要的表现是公司的财产与股东的财产是否混同且无法区分。在认定是否构成人格混同时，应当综合考虑以下因素：

（1）股东无偿使用公司资金或者财产，不作财务记载的；

（2）股东用公司的资金偿还股东的债务，或者将公司的资金供关联公司无偿使用，不作财务记载的；

（3）公司账簿与股东账簿不分，致使公司财产与股东财产无法区分的；

（4）股东自身收益与公司盈利不加区分，致使双方利益不清的；

（5）公司的财产记载于股东名下，由股东占有、使用的；

（6）人格混同的其他情形。

在出现人格混同的情况下，往往同时出现以下混同：公司业务和股东业务混同；公司员工与股东员工混同，特别是财务人员混同；公司住所与股东住所混同。人民法院在审理案件时，关键要审查是否构成人格混同，而不要求同时具备其他方面的混同，其他方面的混同往往只是人格混同的补强。

2. 过度支配与控制

公司控制股东对公司过度支配与控制，操纵公司的决策过程，使公司完全丧失独立性，沦为控制股东的工具或躯壳，严重损害公司债权人利益，应当否认公司人格，由滥用控制权的股东对公司债务承担连带责任。实践中常见的情形包括：

（1）母子公司之间或者子公司之间进行利益输送的；

（2）母子公司或者子公司之间进行交易，收益归一方，损失却由另一方承担的；

（3）先从原公司抽走资金，然后成立经营目的相同或者类似的公司，逃避原公司债务的；

（4）先解散公司，再以原公司场所、设备、人员及相同或者相似的经营目的另设公司，逃避原公司债务的；

（5）过度支配与控制的其他情形。

控制股东或实际控制人控制多个子公司或者关联公司，滥用控制权使多个子公司或者关联公司财产边界不清、财务混同，利益相互输送，丧失人格独立性，沦为控制股东逃避债务、非法经营，甚至违法犯罪工具的，可以综合案件事实，否认子公司或者关联公司法人人格，判令承担连带责任。

3. 资本显著不足

资本显著不足指的是，公司设立后在经营过程中，股东实际投入公司的资本数额与公司经营所隐含的风险相比明显不匹配。股东利用较少资本从事力所不及的经营，表明其没有从事公司经营的诚意，实质是恶意利用公司独立人格和股东有限责任把投资风险转嫁给债权人。由于资本显著不足的判断标准有很大的模糊性，特别是要与公司采取"以小博大"的正常经营方式相区分，因此在适用时要十分谨慎，应当与其他因素结合起来综合判断。

4. 诉讼地位

人民法院在审理公司人格否认纠纷案件时，应当根据不同情形确定当事人的诉讼地位：

（1）债权人对债务人公司享有的债权已经由生效裁判确认，其另行提起公司人格否认诉讼，请求股东对公司债务承担连带责任的，列股东为被告，公司为第三人；

（2）债权人对债务人公司享有的债权提起诉讼的同时，一并提起公司人格否认诉讼，请求股东对公司债务承担连带责任的，列公司和股东为共同被告；

（3）债权人对债务人公司享有的债权尚未经生效裁判确认，直接提起公司人格否认诉讼，请求公司股东对公司债务承担连带责任的，人民法院应当向债权人释明，告知其追加公司为共同被告。债权人拒绝追加的，人民法院应当裁定驳回起诉。

三、关于有限责任公司清算义务人的责任

关于有限责任公司股东清算责任的认定，一些案件的处理结果不适当地扩大了股东的清算责任。特别是实践中出现了一些职业债权人，从其他债权人处大批量超低价收购僵尸企业的"陈年旧账"后，对批量僵尸企业提起强制清算之诉，在获得人民法院对公司主要财产、账册、重要文件等灭失的认定后，根据公司法司法解释

（二）第18条第2款的规定，请求有限责任公司的股东对公司债务承担连带清偿责任。有的人民法院没有准确把握上述规定的适用条件，判决没有"怠于履行义务"的小股东或者虽"怠于履行义务"但与公司主要财产、账册、重要文件等灭失没有因果关系的小股东对公司债务承担远远超过其出资数额的责任，导致出现利益明显失衡的现象。需要明确的是，上述司法解释关于有限责任公司股东清算责任的规定，其性质是因股东怠于履行清算义务致使公司无法清算所应当承担的侵权责任。在认定有限责任公司股东是否应当对债权人承担侵权赔偿责任时，应当注意以下问题。

1. 怠于履行清算义务的认定

公司法司法解释（二）第18条第2款规定的"怠于履行义务"，是指有限责任公司的股东在法定清算事由出现后，在能够履行清算义务的情况下，故意拖延、拒绝履行清算义务，或者因过失导致无法进行清算的消极行为。股东举证证明其已经为履行清算义务采取了积极措施，或者小股东举证证明其既不是公司董事会或者监事会成员，也没有选派人员担任该机关成员，且从未参与公司经营管理，以不构成"怠于履行义务"为由，主张其不应当对公司债务承担连带清偿责任的，人民法院依法予以支持。

2. 因果关系抗辩

有限责任公司的股东举证证明其"怠于履行义务"的消极不作为与"公司主要财产、账册、重要文件等灭失，无法进行清算"的结果之间没有因果关系，主张其不应对公司债务承担连带清偿责任的，人民法院依法予以支持。

3. 诉讼时效期间

公司债权人请求股东对公司债务承担连带清偿责任，股东以公司债权人对公司的债权已经超过诉讼时效期间为由抗辩，经查证属实的，人民法院依法予以支持。

公司债权人以公司法司法解释（二）第 18 条第 2 款为依据，请求有限责任公司的股东对公司债务承担连带清偿责任的，诉讼时效期间自公司债权人知道或者应当知道公司无法进行清算之日起计算。

四、关于公司为他人提供担保

关于公司为他人提供担保的合同效力问题，审判实践中裁判尺度不统一，严重影响了司法公信力，有必要予以规范。对此，应当把握以下几点：

1. 违反《公司法》第 16 条构成越权代表

为防止法定代表人随意代表公司为他人提供担保给公司造成损失，损害中小股东利益，《公司法》第 16 条对法定代表人的代表权进行了限制。根据该条规定，担保行为不是法定代表人所能单独决定的事项，而必须以公司股东（大）会、董事会等公司机关的决议作为授权的基础和来源。法定代表人未经授权擅自为他人提供担保的，构成越权代表，人民法院应当根据《合同法》第 50 条关于法定代表人越权代表的规定，区分订立合同时债权人是否善意分别认定合同效力：债权人善意的，合同有效；反之，合同无效。

2. 善意的认定

前条所称的善意，是指债权人不知道或者不应当知道法定代表人超越权限订立担保合同。《公司法》第 16 条对关联担保和非关联担保的决议机关作出了区别规定，相应地，在善意的判断标准上也应当有所区别。一种情形是，为公司股东或者实际控制人提供关联担保,《公司法》第 16 条明确规定必须由股东(大)会决议,未经股东(大)会决议,构成越权代表。在此情况下,债权人主张担保合同有效,应当提供证据证明其在订立合同时对股东(大)会决议进行了审查,决议的表决程序符合《公司法》第 16 条的规定,即在排除被担保股东表决权的情况下,该项表决由出席会议的其他股东所持表决权的过半数通过,签字人员也符合公司章程的规定。另一种情形是,公司为公司股东或者实际控制人以外的人提供非关联担保,根据《公司法》第 16 条的规定,此时由公司章程规定是由董事会决议还是股东(大)会决议。无论章程是否对决议机关作出规定,也无论章程规定决议机关为董事会还是股东(大)会,根据《民法总则》第 61 条第 3 款关于"法人章程或者法人权力机构对法定代表人代表权的限制,不得对抗善意相对人"的规定,只要债权人能够证明其在订立担保合同时对董事会决议或者股东(大)会决议进行了审查,同意决议的人数及签字人员符合公司章程的规定,就应当认定其构成善意,但公司能够证明债权人明知公司章程对决议机关有明确规定的除外。

债权人对公司机关决议内容的审查一般限于形式审查,只要求尽到必要的注意义务即可,标准不宜太过严苛。公司以机关决议系法定代表人伪造或者变造、决议程序违法、签章(名)不实、担保金额超过法定限额等事由抗辩债权人非善意的,人民法院一般不予支持。但是,公司有证据证明债权人明知决议系伪造或者变造的除外。

3. 无须机关决议的例外情况

存在下列情形的,即便债权人知道或者应当知道没有公司机关决议，也应当认定担保合同符合公司的真实意思表示，合同有效：

（1）公司是以为他人提供担保为主营业务的担保公司，或者是开展保函业务的银行或者非银行金融机构；

（2）公司为其直接或者间接控制的公司开展经营活动向债权人提供担保；

（3）公司与主债务人之间存在相互担保等商业合作关系；

（4）担保合同系由单独或者共同持有公司三分之二以上有表决权的股东签字同意。

4. 越权担保的民事责任

依据前述 3 条规定，担保合同有效，债权人请求公司承担担保责任的，人民法院依法予以支持；担保合同无效，债权人请求公司承担担保责任的，人民法院不予支持，但可以按照担保法及有关司法解释关于担保无效的规定处理。公司举证证明债权人明知法定代表人超越权限或者机关决议系伪造或者变造，债权人请求公司承担合同无效后的民事责任的，人民法院不予支持。

5. 权利救济

法定代表人的越权担保行为给公司造成损失，公司请求法定代表人承担赔偿责任的，人民法院依法予以支持。公司没有提起诉讼，股东依据《公司法》第 151 条的规定请求法定代表人承担赔偿责任的，人民法院依法予以支持。

6. 上市公司为他人提供担保

债权人根据上市公司公开披露的关于担保事项已经董事会或者股东大会决议通过的信息订立的担保合同，人民法院应当认定有效。

7. 债务加入准用担保规则

法定代表人以公司名义与债务人约定加入债务并通知债权人或者向债权人表示愿意加入债务，该约定的效力问题，参照本纪要关于公司为他人提供担保的有关规则处理。

五、关于股东代表诉讼

1. 何时成为股东不影响起诉

股东提起股东代表诉讼，被告以行为发生时原告尚未成为公司股东为由抗辩该股东不是适格原告的，人民法院不予支持。

2. 正确适用前置程序

根据《公司法》第151条的规定，股东提起代表诉讼的前置程序之一是，股东必须先书面请求公司有关机关向人民法院提起诉讼。一般情况下，股东没有履行该前置程序的，应当驳回起诉。但是，该项前置程序针对的是公司治理的一般情况，即在股东向公司有关机关提出书面申请之时，存在公司有关机关提起诉讼的可能性。如果查明的相关事实表明，根本不存在该种可能性的，人民法院不应当以原告未履行前置程序为由驳回起诉。

3. 股东代表诉讼的反诉

股东依据《公司法》第151条第3款的规定提起股东代表诉讼后，被告以原告股东恶意起诉侵犯其合法权益为由提起反诉的，人民法院应予受理。被告以公司在案涉纠纷中应当承担侵权或者违约等责任为由对公司提出的反诉，因不符合反诉的要件，人民法院应当裁定不予受理；已经受理的，裁定驳回起诉。

4. 股东代表诉讼的调解

公司是股东代表诉讼的最终受益人，为避免因原告股东与被告通过调解损害公司利益，人民法院应当审查调解协议是否为公司的意思。只有在调解协议经公司股东（大）会、董事会决议通过后，人民法院才能出具调解书予以确认。至于具体决议机关，取决于公司章程的规定。公司章程没有规定的，人民法院应当认定公司股东（大）会为决议机关。

六、其他问题

1. 实际出资人显名的条件

实际出资人能够提供证据证明有限责任公司过半数的其他股东知道其实际出资的事实，且对其实际行使股东权利未曾提出异议的，对实际出资人提出的登记为公司股东的请求，人民法院依法予以支持。公司以实际出资人的请求不符合公司法司法解释（三）第24条的规定为由抗辩的，人民法院不予支持。

2. 请求召开股东（大）会不可诉

公司召开股东（大）会本质上属于公司内部治理范围。股东请求判令公司召开股东（大）会的，人民法院应当告知其按照《公司法》第40条或者第101条规定的程序自行召开。股东坚持起诉的，人民法院应当裁定不予受理；已经受理的，裁定驳回起诉。

附录三
给科技创业者的一堂基础法律课

一、法律顾问篇

初创期企业有必要聘请常年法律顾问吗？

最近有朋友在自主创业，他本人对法律和风险防范非常重视，他向我们提出了一个问题，鉴于创业初期资金不太充分，预算非常的有限，在这个阶段有必要聘请法律顾问吗？

对于这个问题，我们认为应具体问题具体分析。

对于股权架构复杂、业务类型复杂、公司资金实力相对充裕的公司，我们认为应该聘请一位常年法律顾问为公司的发展保驾护航。

对于业务模式相对简单、资金不太充裕的公司，可以暂时不聘请常年的法律顾问，但可以聘请其为公司的特约顾问，针对不同公司的重点事项，比如股权架构、业务模式、常见的风险类型，集中进行梳理。

这样做的好处是一方面对公司的整体框架进行了针对性的梳理和风险防控，另外一方面降低成本、易于承受。我们把这个称之为法律体检：少花钱，抓重点。

在此，我们要纠正一种常见的做法，就是随便找周边的律师朋友,不管他是不是这个领域的,免费电话咨询下就完事了。在有支付能力的前提下,我们不建议这种方式。

原因在于:第一,律师是有专业分工的,企业不同阶段有不同的侧重点,你的朋友也不一定是这方面的专家,有可能抓错药方;第二,免费咨询往往与之伴随的是随意解答和不承担责任,即使他是善意的,但他也可能事务繁忙,不会在免费咨询的事情上花费太多的时间、精力。在这种情况下,所给的药方往往水分很大。

俗话说:天下没有免费的午餐,免费的往往是最贵的。因此,我们建议找专业的人,以合适的钱把事情办好。

二、股权篇(大小股东的各自视角)

1. "大股东跑路,小股东还债"为哪般

做过公司实务的都知道,就大多数公司而言,一般是由大股东控制董事会和高管团队,整体把控公司的发展方向。

对于众多的小股东而言,就是一种搭便车行为。碰上一个靠谱的大股东,自然是各取所需,大股东吃肉,小股东喝汤,其乐融融。但如果不幸碰上一个肆意妄为的大股东,那你就惨了。

最近上海地区的一个判例显示,该案中两位小股东对从未参与过公司的经营管理,公司实际由大股东控制,经营过程中公司欠下巨额债务,大股东跑路,公司被吊销营业执照、财务账册等重要文件不知去向。后债权人起诉公司的股东和董事,要求其承担连带清偿责任。法院最终判决由两位小股东承担连带清偿责任。

其法律依据是:有限责任公司的股东、股份有限公司的董事和控股股东因怠于履行义务,导致公司主要财产、账册、重要文件等灭失,无法进行清算,债权人主张其对公司债务承担连带清偿责任

的，人民法院应依法予以支持。

在此我们要特别提示，有限责任公司全体股东都有清算的义务，股东仅仅以其为小股东提出抗辩的，不能作为免责理由。因此，小股东仍有义务申请对公司进行强制清算。但在小股东申请清算活动中，存在两个障碍：无法提供公司账册及其他重要文件；公司控股股东、高管人员下落不明。在这种情况下，法院可能认为公司无法进行清算，从而终结强制清算程序。最终使事实上的清算行为无法进行下去。

因此，作为公司小股东，应积极关注公司的运营情况，在公司经营发生严重困难，继续存续会使股东利益受到重大损失，通过其他途径不能解决时，持有公司全部股东表决权10%以上的股东，可以请求人民法院解散公司并进行清算。通过及时、主动地行使法律上的清算权利，小股东能最大限度地防止公司财产贬值、流失、毁损或者灭失，也为自身后续的免责留下证据。

除此之外，小股东在公司运营过程中要注重公司的合规性，督促大股东及管理层保护好公司的主要财产、账册及重要文件，以免出现无法清算的法律后果。

2. 大股东信任度不高的情况下，小股东如何控制出资风险

假如有一个项目，双方对前景非常看好，需要双方共同出资1 000万元，新设立一个公司来运作，对方大股东认缴800万元，小股东需要认缴出资200万元。

目前的问题是尽管你对项目非常看好，但是对合作大股东的资信和实力有疑虑，且对方对公司有掌控和运营权。在此情况下，小股东如何选择才是最优方案呢？

如果作为创始股东一起设立公司，按照目前公司认缴注册资本的实际情况，双方约定注册资本分期缴纳，对方实缴了400万元，我方实缴了100万元，其余的认缴出资约定期限是20年。

公司设立后，由对方大股东进行运营，一年后，由于公司运营失误加上外界的不可抗力风险，公司对外欠债1 000万元，大股东无力继续运作，也无力还款，在此情况下，公司被债权人起诉进行破产清算。

按照公司法及企业破产法的相关规定，在公司作为债务人不能清偿到期债务或明显缺乏清偿能力的情况下，债权人可以向法院提出破产申请。公司作为有限责任主体，需要以其认缴的出资为限承担有限责任。如果对方大股东没有能力继续履行后续出资400万元的义务，那么，作为小股东就要承担连带责任，除了自身的100万元后续出资外，很大可能会被法院执行连带承担大股东的400万元的出资义务。

因此，小股东也会被法院判决承担连带责任，进而列入失信名单和限制高消费的名录，这样就会非常被动。

下面我们换一个思路，看看专业的投资机构，也就是风险投资机构是怎么操作的。

从整体操作模式来看，风险投资机构一般不会担任公司的发起股东，而是要求大股东先注册一个公司，然后它再以增资扩股的方式加入，同时在投资协议和公司章程中对公司的管理制度、财务制度、公司三会议事规则乃至重大否决权进行约定。

这样通过后续加入的方式，就可以避免设立时股东出资不实从而需要承担连带责任的风险，能够及时止损，为投资风险划定边界。

专业投资机构的这一招，非常值得我们借鉴。除了上述的民事连带责任外，后续加入还能够大大减少触犯刑事犯罪的可能性。作为创始股东，公诉机关往往能举证证明创始股东即便没有参与运营，对于公司的非法行为是明知或应该明知的，因为创始股东往往会参与创始股东会决议、对公司高管及运营模式有较大的参与度。如果是后期通过股权转让获得股东资格的，假如没有证据证明其参与了公司运营，其仅仅是一个履行出资义务的独立主体，可界定为一个外部的投资人，一般涉案的可能性较小。

综上所述，在联合创业、但对大股东信任度不太高的情况下，我们建议小股东以后续增资扩股的方式来加入公司，一方面能防止民事的法律连带责任，另外一方面能减少触犯刑事法律的风险。

3. 公司小股东行使权利的正确方式

有这么一个案例：某科技公司有甲乙两位股东，甲持股70%，负责公司的全面管理工作，乙持股30%，不参与公司的运营与管理。在年终的股东会上，甲提议不进行分红，理由是公司需要加大投入，如果这时候分红，可能对明年的发展造成影响。

实际上可能并非如此，很可能是两位股东就公司运营产生了矛盾，在这种情况下，大股东可以强行凭借股权的多数优势通过决议，进而通过关联交易将利润进行转移。

上述大股东压制小股东的事情并不是个案，尤其是在双方矛盾激化的情况下，资本多数决的原则使得控股股东为所欲为。小股东常常缺乏有效的反制措施，即便提起了法律诉讼，也费时费力，往往是杀敌一千自损八百，不一定能真正维护好自身的权益。

那么，作为公司的小股东，我们能否可以未雨绸缪、提前进行防范呢？答案是肯定的。只要措施得当，我们就能提升自己的反制能力，请记住，小股东需要的不是控制权，而是反制权和否决权，这是以无为求有为的生存之道。

如果你是一位小股东，我们的建议是股权少但格局不要小，要注意如下四个方面：

（1）章程规则为先，不能失去公司运营规则的制定权和参与权

法律是保护弱者的，作为中小股东，一定要有预先保护自己的概念，在设立公司或者受让股权阶段，应该预先在章程中设置保护中小股东权益的条款。

亲兄弟明算账，把小股东规范管理的理念通过公司章程、股东会会议、董事会会议、监事会会议、财务管理制度、法定代表人责任等具体的事实方案得以实现，为公司植入规范运作的基因。

例如我们可以在章程中约定股东会、董事会参会人员中小股东到会人数和比例，低于规定的人数和比例的，就不得召开会议，以此在一定程度上保证表决结果更有利于保护中小股东的正当利益。还可以约定董事、监事、高级管理人员对公司应当承担赔偿责任的具体条件和计算方法。

（2）积极行使知情权

知情权是保障小股东权益的基础，其中最核心就是财务知情权。

在实践中，法律虽然赋予了股东查账的权利，但因为专业和费用等问题，这个权利并没有得到很好地行使。

我们建议可以在章程里面约定，每年由公司负责聘请会计事务

所进行审计，但具体审计的机构由小股东来选择。同时在公司章程中约定查账权的范围包括原始记账凭证，并由公司定期向股东发送公司财务报告的制度安排。

（3）诉讼权

拿起法律的武器，主要包括以下内容：

法律武器一：如果股东（大）会、董事会的会议召集程序、表决方式违反了法律、行政法规或是公司章程，股东可以在决议作出之日起60日内请求人民法院撤销。

法律武器二：如果股东（大）会、董事会的决议内容违反法律、行政法规导致无效，股东可以提出确认决议无效。

法律武器三：对于公司连续5年不向股东分配利润，而公司该5年连续盈利，并且符合本法规定的分配利润条件的；公司合并、分立、转让主要财产的；公司章程规定的营业期限届满或者章程规定的其他解散事由出现，股东会会议通过决议修改章程使公司存续的。自股东会会议决议通过之日起60日内，股东与公司不能达成股权收购协议的，股东可以自股东会会议决议通过之日起90日内向人民法院提起诉讼。

法律武器四：董事、高级管理人员或是其他人损害公司利益的，公司的董事会、监事会在股东书面请求后拒绝起诉，或是收到30日都没有起诉的，或情况紧急，符合条件的股东有权为了维护公司利益，以自己的名义起诉。

法律武器五：董事、高级管理人员违反法律、行政法规或是公司章程的规定，损害股东权益的，股东可以直接起诉。

法律武器六：公司经营管理发生严重困难，继续存续可能使股东利益受到损害的。公司两年没有召开股东大会，或是召开了没法做出决议的，没有其他办法可以解决的，持有公司10%表决权的股东，可以请求人民法院解散公司。

(4) 退出权（走为上计）

在合作关系难以为继的情形下，中小股东可以依据法定的条件要求公司回购其股份。当出现《公司法》第七十四条规定情形之一的，对股东会该项决议投反对票的股东可以请求公司按照合理的价格收购其股权。

但是上述条件比较苛刻，一般情况下不太容易实现。基于上述考虑，我们可以参照专业投资人的做法，通过公司章程的设计或者协议约定，对小股东请求控股股东回购股份的情况作出明确的约定，当大股东严重侵犯小股东利益，或者侵占公司财产等情况出现时，小股东有权以事先约定的价格或者评估价格要求大股东回购股权，从而彻底退出公司。

总之，作为公司的小股东，我们要积极有为、积极参与章程和规则的制定，以法律维护小股东的合法权益；同时也要知道，法律不是万能的，法律是有时间成本和金钱成本的，善战但不恋战，三十六计走为上计，以一个合适的价格体面退出也是一个可以接受的选择。

4. 看电视学创业，股权代持风险何在

代持股份出现的原因主要有两方面：一是真实投资人不便于公开自己的身份，比如国家机关工作人员或者与公司有关联交易的特殊关系的人员；二是实际出资人不符合国家法律或者公司章程对公司股东的限制性条件等。

股权代持在公司运营过程中应用广泛，然而立法关于实际股东风险防范的规定却十分缺失。就法律效力而言，最高法院的判例显示，除了金融行业、上市公司、禁止外商投资持股行业等涉及不特定人公共利益之外，代持协议在当事人之间一般是有效的。

但毋庸讳言，股权代持的法律风险还是很大的。2017年上半年，有一部很火的电视剧，这部电视剧是从大风厂的股权纠纷开始的。令人惊讶的是，这部剧的编剧、著名作家周某某在接受媒体采访时说，自己就是大风厂倒霉员工的原型——一切都是代持惹的祸。

那么，股权代持主要有哪些法律风险呢？

（1）股东地位未在工商登记，其股东资格和地位存在不被认可的风险；

（2）代持股人恶意损害实际股东权利的风险；

（3）代持股权可能会被司法机构冻结查封的风险；

（4）代持股人意外死亡引发代持股权被"合法"继承或离婚分割的风险。

综上，由于实际股东对于代持股份无法行使实际的控制权，因此面临较多的法律风险，律师建议可以尝试通过以下方式来规避和防范：

（1）签订一份完善的股权代持协议，约定违约责任

股权代持协议对于实际出资人至关重要，双方应签订一份明确的股权代持协议，建议聘请专业律师来进行起草，切不可网上下载即用。

（2）与名义股东事先签订股权转让协议，并经公司其他股东半

数以上同意，并签署全体股东放弃优先购买权的书面声明。

为排除在将来变更登记为实质股东（显名化）的障碍，实际出资人可事先与名义股东签署股权转让协议（名义股东将其代持的登记在其名下的股权转让给实际出资人），并经公司其他股东半数以上同意和签署全体股东放弃优先购买权的书面声明。

（3）将代持股权设置为质押担保

在办理股权代持的同时，办理股权质押担保，将代持的股份向实际出资人办理质押担保。一个好处是确保了代持股人无法擅自将股权向第三方提供担保或者出卖转让。另一个好处是，将来法院执行或者继承分割需要变卖股权时，实际出资人也可以质押权人的身份，获得优先权。

（4）实际出资人要增强证据意识，注意保存相关证据

对于证明代持股关系的证据，比如股权代持协议、出资证明、验资证明、股东会决议、公司登记资料等，要注意保存。

（5）实际出资人可以以委派董事、监事、高级管理人员的方式，深度介入公司

实际出资人通过向公司委派董事、监事、高级管理人员，可以知晓和参与公司经营，防止名义股东隐瞒经营情况，同时，在发现其他股东侵害公司利益时，也可以董事、监事身份提起诉讼，提高维权的效率。

综上所述，股权代持虽然常见，但也是风险多多，建议未雨绸缪、提前做好规划，比起事后的补救，事前预防才是最好的风险防控之道。

三、公司日常运营篇

1. 从"劳动碰瓷"说起，关于劳动用工的一堂法律课

有过公司运营经验的人都知道，劳动合同纠纷是高频高发事件，特别是公司运营体制或者经营环境发生重大变化的时候，内部矛盾会逐渐凸显，最终体现的方式就是劳动仲裁和诉讼。

在这里又分为两种：一种是员工与公司产生其他矛盾但无法伸张，于是以劳动合同为突破口，从而达到围魏救赵的目的；还有一种是专业的劳动碰瓷人员，他们抓住公司管理的漏洞，从而要求双倍赔偿。

曾经发生过这样一个案件，某公司的劳动人事主管与其所在公司的领导无法相处，打算辞职。为了报复公司，其利用职权拿走了自身的劳动合同，然后以公司未签订书面劳动合同为由，要求双倍赔偿。

类似于这样的案例还有很多。在人力资源的圈子里，还经常有劳动碰瓷事件发生。例如温州某员工劳动碰瓷39起，得手17起，最终被抓捕归案。他们的操作方式是拿着公司的劳动合同回家，找人签个假名，再把已经签好名字的合同还给公司。公司也没有怀疑签名的真伪。直到几个月后，两人离职，并将申请仲裁，说合同上的名字不是自己签的，要求支付双倍工资。

根据过去各个地区的大量实践经验，以下六类常见的劳动纠纷存在高风险，提请管理者们要注意：

（1）劳动者因企业未与其签订书面劳动合同而要求支付双倍工资；

（2）劳动者因终止、解除劳动关系而要求支付补偿金及赔

偿金；

（3）劳动者因加班、加点、未休带薪年休假而要求支付加班费；

（4）劳动者因企业未给其缴纳社会保险而引起的纠纷；

（5）劳动者因工伤要求企业支付工伤待遇；

（6）企业因提前离职、保密事项和同业禁止而要求劳动者支付违约金和赔偿。

对于管理者而言，构建完善的人事用工制度，应注意如下四大问题。

（1）书面的劳动合同是刚性要求

根据《劳动合同法》的刚性要求，不依法签订书面劳动合同的，劳动者可以请求支付双倍工资。对于在试用期第一个月，因员工个人原因未能及时签订劳动合同的，企业应保留必要的证据，证明自身的无过错。

（2）把好入职审查关是前提

招聘过程中的入职审查是对入职者的身份、履历进行核实的过程。对此核查能起到三大作用。第一为防止未与原单位解除劳动合同关系的人员或者负有竞业禁止义务的人员进入本企业，可以要求应聘者提供与原用人单位解除劳动关系的书面证明；第二可以对应聘者提供的学历、履历、身份证明进行初步的核查，保证上述个人信息的准确性，对重要岗位更应严加核查。

（3）完善的绩效考核制度与档案管理制度是关键

《劳动合同法》确实对劳动者给予了很多的保护，但也给用人单位单方解除劳动合同留下了空间，对于严重违反公司规章制度的劳动者，企业可以制定相应的奖惩制度，乃至解除劳动合同。企业可以结合自身特点，根据企业性质、规模、员工状况自行制定多层次、多档位的考核奖惩办法，关键是所有的考核都要有法可依，所有的规章制度、员工手册都要公开公示，履行必要的民主程序，最终要形成可留存的证据资料作为执行的依据。

如果用人单位考核制度和档案管理制度缺失，在发生劳动争议的时候，将会直接导致举证不能的败诉后果。

（4）引入外脑、量体裁衣是最大的保障

不同企业在不同的发展阶段会有不同的劳动用工方式，不同性质的企业对劳动用工的侧重点也不同，千篇一律的劳动用工制度不能适应千变万化的用工需求。在此过程中，我们要兼顾法律的硬性规定与企业的用工现实，在外部专业律师的协助下，设计灵活而高效的社保、加班、工伤及保密等各项制度。

总之，劳资关系虽然复杂，但专业化是我们能够防范风险和纠纷的最大保障，同时我们也提醒各位创始人，未雨绸缪永远是成本最低的防控之道。

2. 关于合同的一堂法律课

合同，或者叫作协议，本质上就是一种诚信精神。即经过口头的或书面合同约定的事项，只要是符合当时法律的，缔约双方就必须履行。

在创业和公司运营过程中，会遇到各种各样的合同，比如股东之间会签订合伙人协议及股东协议，对外融资要签订融资协议，雇佣人员要签订劳动合同和劳务合同，租赁办公室要签订租赁协议，除此之外还会遇到采购合同、销售合同、合伙联营合同、代理经销合同、特许经营合同、知识产权合同、股权转让协议及收购协议等。

因此，《合同法》被称为法律之王毫不过分，它是一切基础法律关系的基石。不同阶段的公司会遇到不同的合同问题，如果我们对合同不重视，轻则给公司造成损失，重则可能给公司带来灭顶之灾。

下面我们以一个真实的案例来进行说明。

北京某科技公司的采购员小李受老板的指示，需要采购一批物资，金额不大只有两万多元，恰巧当时公司的供应商没有该型号的产品。于是小李就登录了百度，通过搜索找到了一家生产该产品的供应商，对方网站很正规，联系方式和营业执照一应俱全。

经过再三的沟通后，双方就采购事宜初步达成了一致意见。这时，对方发来了合同模板要求签署，其中约定的管辖法院是对方所在地法院。工期紧急，小李也没有想太多，就和对方签订了采购合同，并立即支付了货款。

货款支付后，对方前期一直找各种理由进行拖延，后期干脆不再接听电话。无奈之下的小李，被老板责骂一通后，到所在地派出所以诈骗为理由进行报案，民警同志看了资料后，认为对方公司真实存在，不存在虚构情况，至于对方是否有履行能力，有无诈骗的嫌疑无法判定，建议公司通过民事起诉的方式进行维权。

但咨询律师后发现，该合同约定的管辖地在对方法院所在地，律师费加上来往的差旅费也是一个很大的负担，民事起诉的成本有可能会大大超过诉讼的标的额。

无奈之下，公司只好选择了放弃，事后小李也因工作失误而自责，最后也选择了主动离职。由此可见，一个小小的失误都可能给公司造成极大的损失，更不要说那些动辄百万、千万级别的大合同了。

常言说：魔鬼出在细节里。从公司创始人和管理者的角度而言，加强合同管理，从细节管控做起才能杜绝不利后果的发生。

不同类型的合同侧重点不同，但一般而言，主要有以下几个方面需要特别留意：

（1）事前对合作对象的主体资格及履行能力进行审查

审查合作方的基本情况。先要了解对方是否具备法人或者代理人资格，有没有签订合同的权利。审查合作方有无相应的从业资格和履约能力，主要是为了确保在合同签订后，双方均能够履行合同中约定的义务，确保业务的达成。

（2）做好对合同主要条款的审查工作

合同的签订最好采用书面形式，做到用词准确，避免产生歧义。对于重要的合同条款，要字斟句酌，对于重要的合同应聘请专业律师审查，防患于未然。合同的基本条款要具备，尤其是约定清楚交易的内容、履行方式和期限、违约责任。例如，采购合同中对质量标准是否做出了明确的约定、合同价格是否明确约定为含税价格或非含税价格、是否有单方解除权条款、违约赔偿条款是否明确可执行。

总之，应根据具体合同的类型来区分对待，以未来可能发生争议的诉点来审核修改合同。

（3）做好合同履行过程的管理及归档工作

从合同管理的角度，我们在履行合同时建议有比较完整的书面往来文件,而且都必须有对方当事人的确认。对合同履行的全流程,包括书面合同、电子合同、邮件往来、聊天记录、验收报告、货款催收等全程进行留痕,由专人管理、专人负责。

对于已经履行完毕的合同,要及时进行归档留存,防止将来出现纠纷时找不到合同原件。

(4)分类管理,重点突出

在公司运营过程中,根据合同的重要程度,可以分为一般合同、重要合同、重大战略合同。对于不同权重的合同,我们要分类审核、分类管理。

对于一般合同,可以使用公司的模板并由法务人员进行审核;对于重大战略合同,则要听取专业律师的意见,同时进行电子存档,妥善保存原件。

(5)打造专属合同库,更新迭代

不同类型的公司有自己不同的重点合同类型,公司可根据自身的业务模式打造专属的合同模板,在对方没有特别要求或者我方处于有利地位的情况下,尽量选择自身的合同模板。同时,在外部专业律师的帮助下,根据企业遇到的实际问题和纠纷解决途径,可以对上述合同模板库进行升级迭代,杜绝漏洞和风险点。

(6)善用外力,风险诊断

签订合同的目的是使双方合同在履行过程中有一定之规,但不同类型的合同有不同的侧重点,尤其是一些专业性比较强的合同,或者重大战略合同,需要外部专业律师的审核。

除此之外,外部专业律师可以配合公司来完善合同模板,同时对公司的业务人员就如何签订、履行合同进行必要的培训和指导。

总的来说，在合同签订过程中，地位决定谈判能力，在实力面前，一切技能都是浮云。如果我们是甲方，可增加对我方有利的条款；如果我们是乙方，则要守住风险的底线。毕竟，合同审核不是为了制造矛盾，而是为了签约成功和一个美好的明天。

3. 关于公司税务风险的一堂法律课

2018年国庆长假的第三天，知名演员范某某偷逃税款的问题有了结果：税务部门认定了范某某偷逃税款的事实，并决定对范某某及其公司偷税追缴税款、滞纳金和罚款，总计8.83亿元。

消息一出，网上众声喧哗。网民在对税务部门处理名人税案拍手称快之时，也产生了众多质疑的声音：范某某涉案数额高达数亿元，为何最终却免于坐牢的处罚？

其实，法律并没有对范某某格外开恩，而是法律就是这么规定的。

我们国家的《刑法》规定，经税务机关依法下达追缴通知后，补缴应纳税款，缴纳滞纳金，已受行政处罚的，不予追究刑事责任。即我们国家的逃税罪有一个税务行政前置程序，以惩前毖后治病救人为宗旨，态度良好、及时缴纳罚款就不用坐牢，范某某适用的就是这一条规定。

我国《刑法》分则第三章第六节规定了十四种与税收相关的罪名，但发生数量最多的五类案件分别是：偷税、虚开增值税专用发票、骗取出口退税、虚开增值税普通发票、逃避追缴欠税。

对于广大的创业者来说，传统的偷税漏税并非风险最大的法律问题，因为其一般具有行政处罚的前置程序，即只要经税务机关依法下达追缴通知后，补缴应纳税款，缴纳滞纳金，一般就不予以追究刑事责任。但是涉及发票就不一样了，这是《刑法》中非常严重的犯罪，其入刑标准非常低，尤其是增值税专用发票，最高可判无期徒刑。随便一张票就可达到入刑的标准，这是非常容易触碰的红线。

那么如何认定为虚开呢？法律上规定的为他人虚开、为自己虚开、让他人为自己虚开、介绍他人虚开都属于虚开的行为。实践中，只要开票方与受票方在票、物、款三者无法对应一致，没有实际的交易行为，就涉嫌虚开发票。

让我们来看在相关法律中对虚开增值税发票是如何量刑的：虚开增值税专用发票税款数额10万元或使国家税款被骗取5万元的，或有其他严重情节的，基准刑为有期徒刑三年；虚开增值税专用发票税款数额50万元或使国家税款被骗取30万元的，基准刑为有期徒刑十年。

看到这里，许多创业者朋友们估计头皮发麻了。

许多创业者都在为税收和发票犯愁，其实，只要我们认真研究，办法总比困难多，还是能找到一些解决发票问题的税务筹划技巧的。

（1）入驻税收政策洼地，享受税收优惠政策。不同地区的工业园区、创业园区有不同的支持政策，我们可以充分利用。

（2）充分利用采用核定征收个人所得税的个体工商户和个人独资企业的优惠政策。

（3）通过关联公司、关联交易的方式来进行税务筹划。即以采用核定征收个人所得税的个体工商户和个人独资企业是增值税小规模纳税人身份，向上游企业开具增值税普通发票，解决了上游企业难以取得发票的问题。

总之,创业涉税风险是企业创业者的大忌,随着税务监控力度的强化,税务问题会越来越显现出来,但无论如何,税务筹划可以在专家的指导下进行,但发票的风险较大,请创业者们切莫入雷区。

4. 让创业者惹不起的新《广告法》

2016年新《广告法》施行后,杭州工商局的一个广告处罚案例极大地震惊了全国,它被戏称为"西湖最贵糖炒栗子"。方某经营的炒货店,因为在店招牌和包装袋上印有"杭州最好的炒货店铺""全中国最好吃的栗子",违反了号称"史上最严厉"的新《广告法》,被罚款20万元。

此后,方某申请行政复议,复议结果是维持原决定。之后,方某把市场监管部门告到法院,最终法院把罚款数额由20万元调整为10万元。

无独有偶,在2018年的北京,因某二手车广告宣传中使用的"创办一年,成交量就已遥遥领先"等广告语,缺乏事实依据,与实际情况不符。北京市工商行政管理局海淀分局对某二手车下发行政处罚决定书,罚款共计1 250万元。

新《广告法》施行后,一个个巨额罚单,看似过于无情,但也在警示企业管理者:法规不是儿戏,新《广告法》更是带牙齿的老虎。根据工商行政管理部门的统计,常见因违反《广告法》相关条款而遭受处罚的主要有如下三种类型:

(1) 广告中使用了"国家级""最高级""最佳"等绝对用语

对这一条应做广义的解释,目前实践中市场监管部门的认定范围比较宽泛，涉及使用"最"字或者顶级词汇的广告宣传都有可能被认定为违法。

比如：

（最系列）最新潮、最时尚、最合理的搭配、最舒适、最透气、最好看、最佳比例、最佳选择、最优秀、最靓、最流行、最新款、最贴身、最纯原料，最合适的剪裁……

（绝对系）绝对吸引眼球、绝对高端、绝对实用、绝对贴身、绝对适合、绝对新潮、绝对过目不忘、绝对推荐……

（全网系）全网底价、秒杀全网、全网冠军、全网首家、全网抄底、全网最优、全网受欢迎、全网之冠、全网之王、全网极致、全网销量冠军……

（极致系）极致修身、极致体验、品质极佳、极致工艺、极致首选、极致追求、性能极强极佳、将细节做到极致……

（唯一系）独家原创、唯一设计、独家材质、独家做工、唯一渠道、唯一选择、独家工艺、唯一授权……

（第一系）全国第一、人气第一、领导品牌、顶尖技术、全网之最、销量之冠、口碑顶级、淘宝最强……

（价格系）全网最低、击穿底价、全网秒杀、史上最低、价格最低、最便宜、行业最低价、全网抄底……

（成语系）无可比拟、无与伦比、无可替代、超凡绝伦……

（2）在广告宣传中引用数据及虚假广告

根据《广告法》的规定，广告使用数据、统计资料、调查结果、文摘、引用语等引证内容的，应当真实、准确，并表明出处。比如某招商广告中含有"我家排骨大包，全国268家店全部实现盈利，毛利70％、净利50％，天天好生意，月入超想象，盈利能力高出传统5倍"等内容，就存在违法行为。

虚假广告主要包括：

1）商品或者服务不存在的；

2）商品的性能、功能、产地、用途、质量、规格、成分、价格、生产者、有效期限、销售状况、曾获荣誉等信息，或者服务的内容、提供者、形式、质量、价格、销售状况、曾获荣誉等信息，以及与商品或者服务有关的允诺等信息与实际情况不符，对购买行为有实质性影响的；

3）使用虚构、伪造或者无法验证的科研成果、统计资料、调查结果、文摘、引用语等信息作证明材料的；

4）虚构使用商品或者接受服务的效果的；

5）以虚假或者引人误解的内容欺骗、误导消费者的其他情形。

（3）特殊行业的禁止性规定

《广告法》对于特殊行业的广告内容有特殊的要求，如第十六条规制了医疗、药品、医疗器械行业广告，第十八条规制了保健食品广告，第二十三条规制了酒类广告，第二十四条规制了教育、培训广告，第二十五条规制了招商等有投资回报预期的商品或者服务内容的广告，第二十六条规制了房地产行业的广告，第二十七条规制了农作物、农产品等的广告。对于发布医疗、药品、医疗器械、农药、兽药和保健食品广告的，要履行前置审查程序。

多家企业因宣传违法遭受严重处罚的事实告诉我们，《广告法》绝不是没牙的老虎，我们必须要给予充分的重视。首先，我们要根据公司的宣传渠道和方式，以及自身的行业特点，对公司全媒体

（包括电视、户外、自媒体等）的宣传渠道进行彻底的核查，及时发现问题，将问题消灭在萌芽状态。其次，建议公司制定广告宣传的内部审核机制，由公司专门人员与外聘广告公司、专业律师联合制定广告计划，注重广告发布前的法律核查工作。

四、知识产权及商业秘密篇

1. 关于专利的一堂法律公开课

如今的华为公司，屹立于通信行业 5G 时代的最高点。在全球科技公司专利排行榜中名列第一，在全球多地设立了 16 个研发中心，累计获得专利 5 万余件，提交专利申请 8.3 万余件（不含 PCT）。

在欣慰之余，我们科技创业人员也有必要来一探究竟，创业之路上，如何对待专利和研发，有哪些前车之鉴可供后来者参照。

作为一个成功的企业，华为的知识产权战略值得我们借鉴和学习，但我们也要清醒地认识到，"从 0 到 1"的创新虽好，但高成本高风险，对大多数中国企业来说，先"引进来"再"走出去"，才是其进军世界舞台的惯用套路。

对于创业初期的中小企业来说，其首要考虑的问题是如何通过专利布局帮助企业活下去，生存的问题解决了才有之后的发展壮大。

创业企业的专利布局，尤其是早期规划要与企业实际情况相符，不能完全照抄照搬成熟企业的专利布局模式，要量力而为，重点突出。

创业企业专利布局要重视如下因素：

（1）跟随战略下的二次创新

中国大量互联网公司、科技企业的所谓创新，都应该属于二次追随型的创新，二次创新能够大幅度降低高新技术的攻关难度，明显减少人力、物力、财力的投入，包括该通信巨头的早中期产品。

一般来说，与原始创新相比，二次创新时间更短，成本更低；其次，二次创新是直接在引进技术上发展而来的，所涉及的技术对象的针对性、现实性都更强，能大大降低研发的不确定性。通过对技术二次创新，从而博采众长、为我所用，发挥出更大的性能。

（2）量身定做，设计自己的专利战略

对于拥有技术优势但初期资金较薄弱的原创型创业企业，可通过对核心专利的布局，从而阻挡竞争对手，等企业资金和研发到位后，再对外围的软硬件专利进行扩展，从被动的防御，转为主动的扩张。

例如YS科技公司，他们研发了复眼光学技术下的虚拟现实眼镜，并在2012年申请了一件发明专利和两件实用新型专利，对该核心技术形成最初保护。后来他们在通过海外众筹获得资金支持后，逐步围绕虚拟现实技术涉及的软硬件系统进行布局，以外围专利实现对核心专利保护的扩展。

对于另外一种不具有颠覆性科技创新的企业来说，其进入市场时已经存在众多竞争对手，无论是从资金上还是技术上，很难与竞争对手正面对抗，这样的企业可采用游击战策略进行专利布局。就是说，从敌人薄弱的环节入手，以小众产品或者细分市场完成自己的专利布局，不与对手正面竞争。

例如2008年成立的T电子是以我国自主研发的"北斗"系统为基础的导航产品公司，该公司在初级阶段主打的是兼容GPS的导航系统，之后T电子还在GPS导航系统不具备的功能上布局专利，逐渐开发出既符合市场需求又成功规避竞争对手的核心技术。

(3) 压强与聚焦原则

华为创始人任正非的观点是，集中资源对着一个城墙口猛轰。其优势是集结优势力量，集合自身管理的独特优势，千军万马朝一个新领域去聚焦，形成局部的竞争优势。

大公司尚且如此，对于我们创业初期的中小企业来说，更是如此，要牢记压强和聚焦原则，切忌四处开花，分散力量。

(4) 利用外脑，专利人才加法律人才

在华为近30年的成长历程中，有一个角色不容忽视，那就是外部的智囊团。

1998年，成立仅10年的华为引入IBM参与IPD和ISC项目的建立，5年期间共计花费4亿美元升级了管理流程。除了IBM，华为还曾聘请过埃森哲、波士顿、普华永道、美世和合益、日立咨询、日本丰田董事等咨询公司或专家。

在诉讼和维权领域，华为也和顶级的法律专家进行合作。例如，2019年3月7日，华为在深圳总部正式宣布起诉美国政府，配置的就是顶级法律专家：三家美国律师事务所的7名资深律师。

如今的知识创新时代，我们周边出现了许多专业的专利事务所和律师事务所，如果企业在发展过程中，包括在专利的检索、布局、维权诉讼等领域，与上述专业机构的外脑能密切合作，无疑能大大加快企业发展的步伐，防止企业走不必要的弯路。

2. 关于著作权的一堂法律课

有这么一个段子：如果你是一个自媒体或者在运营一个微信公

众号，还未收到某图片库上市公司的律师函，那就说明你做得不够大、做得不够好。

2019 年 4 月，某公司图片库出事之后，主流媒体和自媒体不约而同，痛打落水狗，一致声讨该公司。之所以出现多家自媒体苦该图片库平台久矣的情况，在于其钓鱼式执法的商业模式：先购买大量的图片版权，放任其在网络上广为传播，然后通过其先进的图片版权侵权追踪系统，准确找到侵权用户，提出索赔诉求。在这种败诉概率非常高的情况下，大部分公司会接受和解方案，购买其图片库套餐。

对于企业的微信公众号运营者来说，打铁还需自身硬，小心驶得万年船。我们建议在图片的使用上，不要随便百度一个照片就使用。最好用那些过了版权保护期的名画，或者用自己拍摄的风景照片，效果也不错。

除了上述图片版权之外，对于规模较大的企业或者专业性比较强的企业来说，盗版软件被维权也是一个经常碰到的问题。

比如浙江宁波一家大型控股公司，仅向微软购买过 5 套正版 Windows XP 授权。微软公司经过调查后发现了公司的侵权行为，故诉至宁波中院，要求该公司停止使用侵权软件并赔偿损失合计 220 余万元。最终，双方达成调解协议，被告一次性向微软公司采购多套正版系统软件，并赔偿微软公司相应经济损失及为维权支出的合理费用。

在目前的大环境下，软件方只盯大公司，对小公司则是睁一只眼闭一只眼，不是软件方菩萨心肠，而是放水养鱼的市场策略。对于昂贵的正版专业软件，小公司肯定是买不起的。先放水养鱼，虽然一时收不上钱，但也培养了一大批的种子用户。等到小公司发展壮大起来，再出来剪一轮羊毛，收版权费。对于软件公司来说，这绝对是个最优的策略，有百利而无一害。

作为一名法律工作者，我们肯定建议创业者们使用正版软件。但如果你暂时还未能发展到全部使用正版软件的程度，却被相关的版权方盯上了，那么，我们应该采取什么样的策略呢？

（1）端正态度，不怕事

躲是躲不掉的，在公司发生的侵权行为，即便是员工的个人行为，对方针对的也是公司这个法人主体。把责任推到员工个人身上，对于事情的解决于事无补，起不到任何的作用。

（2）谈判策略：知己知彼，方能百战不殆

先看对方是否有相关的权限和授权，防止被"李鬼"们碰瓷，再看对方掌握侵权的证据究竟有多少。如果对方确实已经掌握了确凿的证据，诉讼中对方胜诉概率较大，而我们确实也需要用到该软件，那就可以谈判，要求软件商给一定的折扣批量购买。

（3）诉讼与和解策略

如果该软件确实对公司没什么意义，将来很少用得到，对方又是狮子大张口，那我们就要好好考虑下如何应诉了。进入到诉讼途径之后，就将面对一个耗时很久的法律程序。首先诉讼情况千变万化，我们不一定输，要看对方的证据有没有瑕疵；其次对方要求的赔偿数额也需要对方来举证，能否得到法院的支持还面临很多的未知数；即便庭审对我们很不利，我们还可以争取法官的同情，让法官居中调解。根据我们的经验，这时候的谈判效果往往会好于最初的效果。

3. 关于公司商标的一堂法律课

2019年10月16日，就美国篮球明星的肖像权问题，最高人民法院经审理后认为，某体育公司的商标没有体现篮球明星的个人特征，不构成侵犯肖像权。该公司最终保住了自己的注册商标。

但是，这件事还没有结束。

2020年3月4日，该篮球明星在最高人民法院扳回了一局。对于此前争议颇大的美国某品牌状告中国某体育公司商标侵权案，最高法判决撤销过去的多个判决，由国家知识产权局对该商标重新作出裁定。

对此体育公司回应称，该商标是公司体育防御性商标，对公司体育运营未产生影响，该公司目前已对该判决提出抗诉。

显然，抄作业的捷径之路并没有这么好走，出来混总是要还的。

围绕商标是否侵权，双方打了一场长达7年之久的官司。由于这场商标拉锯战，体育公司的上市计划一直搁浅。2011年11月底，证监会就通过了体育公司递交的上市申请，然而8年过去了，该公司还在苦苦等待中。

毋庸讳言，商标对公司具有非常重要的战略地位。可口可乐前董事长伍德鲁夫有一句名言：假如我的工厂被大火毁灭，假如遭遇到世界金融风暴，但只要有可口可乐的品牌，第二天我又将重新站起来。

在创业的过程中，我们可能会碰到股东问题、技术问题、运营问题等一系列的问题，常常就把公司的商标战略放在了最后的位置，甚至有人以为，先把业务做起来，再申请商标也不迟。这样做

的结果就是贻误了大好良机,根据我们总结的一系列商标纠纷案例,公司的商标战略应遵照如下原则:

(1) 时间原则,赶早不赶晚

根据《商标法》,在商标审查授权时,遵循的是"申请在先原则"和"使用在先原则"。

根据《商标法》第三十一条规定,两个或者两个以上的商标注册申请人,在同一种商品或者类似商品上,以相同或者近似的商标申请注册的,初步审定并公告申请在先的商标;同一天申请的,初步审定并公告使用在先的商标,驳回其他人的申请,不予公告。

因此,我们不要贻误战机,应尽早申请商标。

(2) 重点突破,文字商标申请应先于图文商标

在公司商标申请过程中,很多公司都热衷于一次定性,待产品成型后再申请图文相结合的商标。但这种做法蕴藏了不少风险,甚至许多著名的大公司也犯过这种错误。

比如某社交软件的研发过程就是先有产品,后申请的商标。2011年1月21日该社交软件1.0测试版发布,三天后,2011年1月24日,该公司正式向商标局提交了社交软件图文商标注册申请。事实上,在该产品发布或商标注册申请前,已经有相关公司提交了同样的申请。

最终,法院站在了该公司这一边,法院认为,该产品已经具有很高的知名度和影响力,如果核准早期申请的公司提交的38类文字商标注册申请,不仅会使广大消费者产生错误认知,也会对已经形成的稳定的市场秩序造成消极影响。

该社交软件公司是有实力的,也是幸运的,但不是每个公司都

有这样的影响力和实力，能够得到法院的特别支持与保护。出于稳健原则，我们建议在产品定名后，就应该率先申请文字商标，待最终产品和服务成型后，再申请图文商标保护。

（3）重视商标的检索和布局

创业者在申请商标之前，需先请商标代理机构对注册的商标进行精准的查询，快速准确地了解要注册商标的使用情况，看是否有影响商标注册的情况。

从商标的布局上来讲，商标分类包括45个大类，对于创业者来说，把商标在全部分类中进行保护注册从成本和实操层面，是不太现实的，也没有必要。创业企业在产品上线或业务开展之前，应提前做好商标的全面布局策划工作，明确自己的产品或服务所属的类别，确定哪些是核心的商标类别，是否需要多种元素组合的商标，如果涉及国外的运营，则需要考虑在相应国家的申请。

（4）稳健、小步、快走

商标注册类别繁多，共有45大类，创业者在注册商标时，要根据企业的业务类别，进行有针对性的注册，比如互联网类的公司，他们就至少要注册4类：第42类（计算机编程及相关业务），第9类（计算机软件），第35类（互联网广告宣传），第38类（提供了互联网聊天室以及在线论坛服务）。

随着创业公司业务的发展，公司应由保守的商标策略转为更为激进的申请策略。比如在类比上，增加辅助类别的申请，在商标的保护范围上，将该商标类似名称的谐音、变形、各种外文翻译等进行保护性申请。

总之，商标战略对企业非常关键，要么花钱买商标，要么自己另起炉灶，申请另外的商标。不管最后选择哪种结果，对于企业而言都是大麻烦，所需的费用都不会少。

4. 关于商业秘密保护的一堂法律课

如果有一天，你公司的核心技术团队集体跳槽了，在外部资本的支持下，另外设立了新公司。半年后你发现，公司辛辛苦苦研发的技术，出现在了竞争对手的产品中，而且产品卖得还比你的便宜。

这不是商战电影中的剧情，这是一个真实的案例，案件的主角之一就是今天大名鼎鼎的华为公司。

2004年12月7日，深圳南山区人民法院一审依法判决犯罪嫌疑人王某某等三人犯侵犯商业秘密罪，判处有期徒刑3年，将已被冻结的公司账户内款项责令退赔给华为公司（退赔金额以人民币588.01万元为限）。

上述三人均为华为光网络技术的研发人员，接触和掌握该产品的核心技术。2001年11月，王某某等三人分别以读书为名先后辞职，并投资50万元于上海成立HK公司。后续，他们又从老东家公司陆续挖走了该项技术的20余名开发人员。

此后，HK公司仅用半年时间就推出了使用光网络技术开发的相同产品，并销往全国多个省份。再后来，HK公司被出售给当时著名的UT斯达康，三位人员获得200万元人民币和价值为1 500万美元的股票期权。

华为对这种事情一向是雷霆手段，三个人以侵犯商业秘密罪被逮捕。

众所周知，商业秘密是创业团队的智慧结晶，也是将来企业能够持续盈利的保障。商业秘密的泄露会对一个企业带来重大的打击，同时后续的责任追究也比较困难。

《反不正当竞争法》第九条所称的商业秘密，是指不为公众所知悉、具有商业价值并经权利人采取相应保密措施的技术信息、经营信息等商业信息。由此看出，商业秘密的构成条件中要求必须是采取了保密措施，才能认定为商业秘密。

鉴于商业秘密的特殊性，故而企业需要从各个层面去采取措施，依据《反不正当竞争法》关于商业秘密的规定，权利人必须采取保密措施，否则法律对其的保护就无从谈起。

对于科技创业者来说，要从如下五个角度进行商业秘密的保护。

（1）高度重视内部管理

通常来说，企业80%的泄密事件都出现在员工身上。实务中，商业秘密的主要知情者通常来自核心员工，那么对于这类掌握核心商业秘密的员工，要尽量通过股权激励和员工持股的方式留住人才。同时，要做好最基本的保密协议、竞业限制协议以及服务期的约定。

（2）打造一个物理隔离和信息分级的保密制度体系

即便采取了上述措施，但实践中还是有员工明修栈道暗度陈仓，或者为新东家做事，或者自己出来竞争，公司对上述证据的搜集还是比较困难的。因此，企业不能仅靠协议来约束员工，建立自身完善的保密体系依然关键。

一个完善的保密体系，第一要物理隔离。比如带有核心机密信息的电脑上面不设置USB接口，或是涉及一些商业机密的部门员工的电脑不允许连接外网等。

第二要筛选出重要的信息并进行分级，建立完备的保密制度。比如：对于保存关键涉密文件的计算机，访问和拷贝文件需要权限；对员工发送邮件进行规范化管理，防止误发涉密文件；定期销毁涉密的纸质文件；分层分段开发，非核心员工仅能接触商业秘密片段。

（3）严防对外合作与融资过程中的泄密

在融资过程中，创业者披露项目信息的原则应该是：展示产品而不是制作产品的机密核心，尽可能避免披露具有价值的技术信息。对于自认为靠谱的投资人，也要签订保密协议，同时控制披露的时间点和节奏，避免过早的披露。

在对外合作过程中，有经验的企业会针对合作中涉及的具体商业秘密的范围签订保密协议，约定对方对商业秘密负有的具体保密义务、保密期限以及违反保密义务的确切违约责任。

（4）专利、著作权与商业秘密的组合拳保护

成熟企业的知识产权保护是一整套完整的体系，不同类型的商业秘密需要不同的方式保护，比如商业标志可以申请商标、技术研发改进可以申请专利、原料的供应可以申请原产地保护、图纸和软件设计可以申请著作权。

而对于商业模式、客户信息、产权交易、经营创意，抑或是一些依靠经验或传承获得的产品配方、制作工艺、技术诀窍等技术信息，由于科技含量不高，很难获得专利，但却是与同行竞争的看家宝，具有四两拨千斤的效果，比如可口可乐的配方，就是一个举世闻名的商业秘密。

对于上述内部信息，以商业秘密形式进行保护，是最恰当的。一般来说，如果破解难度足够高，那么就可以单纯采用商业秘密的形式保护，而如果是保密性相对较弱的技术信息则最好采用专利的形式进行保护，对于保密性居中的技术信息则可以考虑商业秘密与专利保护相结合的形式，具体操作就是将核心保护点作为技术秘密来保护，而外围相关技术信息可通过专利进行保护。

（5）注重法律手段的运用

在符合商业秘密条件的前提下和在建立商业秘密保护系统中，企业有权依据法律追究侵权人的民事责任。承担民事责任的方式主要有停止侵害、排除妨碍、消除危险、返还财产、恢复原状、赔偿损失、支付违约金、消除影响、恢复名誉、赔礼道歉等。

商业秘密权利人在已采取商业秘密保护措施和符合商业秘密条件的情况下，认为其商业秘密受到侵害并造成重大损失的，有权向公安机关申请，要求追究侵权人的刑事责任。

总之，对于创业者，尤其是科技创业人员来说，商业秘密的保护工作非常重要。对此，我们要向大公司学习，不惜一切代价，以雷霆手段，守护公司的商业秘密。

结束语
呼唤中国的创业股权新时代

首先，本书通过对共同创业伙伴、技术合伙人、外部投资人、大小股东视角、夫妻创业视角的针对性分析，为你揭示一个不同身份视角下的股权认知。

其次，通过对某知名快餐连锁企业股权纠纷案、某电商业巨头公司的合伙人制度、某电信业巨头公司的工会全员持股制度的剖析，告诉你一个有别于现行公司法的股权架构，最终提炼成股权架构的道、法、术。

再次，本书对股权架构中的重点问题，包括控制权、股权动态调整机制、退出机制、股权创业有关的民事及刑事法律风险进行了剖析，力求在为读者呈现一个股权架构全景的同时，对重点、难点问题进行庖丁解牛式的拆解分析。

最后，通过对股权激励、事业合伙人架构的研读以及面向资本市场股权架构的剖析，帮助企业打造事业共同体、命运共同体。

从某种意义上来说，伟大的企业都是超越公司法的，适合自己的才是最好的。为此，我们建议考虑如下四个方面的关键内容：

一、公司的股权架构首先要牵牢价值创造这个牛鼻子

以价值创造为思考的出发点，同时设立股权的动态博弈机制。

初期：加强理念价值观的塑造，同时预留好期权池，对核心创业人员进行初步的股权分配，同时保留好弹性调整机制和退出机制，根据情况实行实股、动态股权、虚拟股等多种形式。在这个时期，要切记以虚拟股为主，否则一旦进行工商登记，再行退出就有可能出现各种问题。

中期：以股权留人，以股权引人，以股权激励人，在引入外部投资者之前，进行一轮大规模的股权激励，让骨干员工分享企业的发展红利。在这个时期，可以设置作为员工持股平台的有限合伙企业或者持股公司，以此为平台进行股权激励。

后期：企业上市之后利用资本市场股权定价机制进行股权激励。

在这个阶段，就可以利用期权、限制性股票等成熟的工具进行股权激励。

二、股权法定，章程为大

公司章程作为公司的"宪法"，其重要性不言而喻，如果能在公司章程中对股权架构做出明确的约定，无疑具有最高的法律效力。

所以，我们做股权架构，切记不能脱离公司章程。公司章程对公司、股东、董事、监事以及高级管理人员都具有约束力。

三、活学活用，理解公司法，超越公司法

公司法作为一部商事法律，具有强制性规范和任意性规范的特征。作为创业阶段的有限责任公司，我们要利用公司法的灵活性，考虑到所在行业及发展阶段的特点，设计出一套符合自身特点的股权架构体系。

作为创始人和大股东，应具有当家人思维，从大局出发，严格按照章程办事，同时照顾到小股东的利益；作为公司的小股东，在支持大股东工作的前提下，要通过制度保障自身的知情权、表决权、分红权等一系列权利。

四、理念上超前，行动上保守

股权作为公司的基础建筑，必须牢固，所以我们在行动上可以保守些，不追求一步到位、大开大合。

但与此同时，我们要保持股权架构的开放性，海纳百川有容乃大，股权架构要给合作伙伴和激励对象以预期和希望，不能地主思维，死守一亩三分地，抓住不放。

总之，公司发展的阶段不同，对公司股权架构的要求不同。在起步阶段，要求简单高效；在高速发展阶段，要求广泛利用各界资源，借力打力，共谋发展。因此企业发展到一定程度后，就要广泛听取专业律师、券商、会计师等专业人士的意见，打造出一套符合自身发展路径的股权架构。

正如世上不存在两片完全相同的树叶一样，每个公司的股权架构都有自己的独特之处，但掌握了股权架构的道、法、术之后，相信会帮助创业者合理搭建股权架构。

从气质上来说，我国已经彻底从厚重的黄土文明走向了对外开放、拥抱进取的蓝色海洋文明，正处在历史发展的关键机遇期，房地产的大潮逐渐退去，未来的发展将是一个以技术创新为突破、以公司股权为载体的新时代。

伟大的时代呼唤伟大的公司，让中国再次伟大，必将从公司股权时代开启。

在此，我们衷心希望，本书能引起您对股权问题的启发与思考。我们不奢求能一次性解决您所有的困惑，也不可能提供包治百病的灵丹妙药。

漫漫创业之路，唯有以真诚和善意，同时以法治、理性的态度，科学的精神，方能探索出一条自身特色的股权架构之路。

预备投身创业的小伙伴们，你们准备好了吗？